ピッカピカ★彡

今日からあなたを
接客サービスの天才にする本

森下裕道

ソーテック社

本書の使い方

どこからはじめるかはあなた次第です

- 毎週月曜日には「月曜日」の項目を上から実行してみる
- 毎週月曜日には「月曜日」の項目をすべて実行してみる
- 毎週月曜日には「月曜日」の項目から好きな項目を選んで実行してみる
- 毎週月曜日には「月曜日」の項目からパッと開いたところを実行してみる

―― いろいろな方法を考案してみてください ――

自分の変化をチェックする

01
今日は、お客さんのほめ言葉を“ポロッ”と言ってみる

1. 実行してみた項目は書籍の右上角を折ってください。
2. 実際にその項目が「できたら」書籍の右下角を塗りつぶしてください。
3. 完全にマスターしたと思える項目は、各曜日の頭のページにチェックを入れてください。

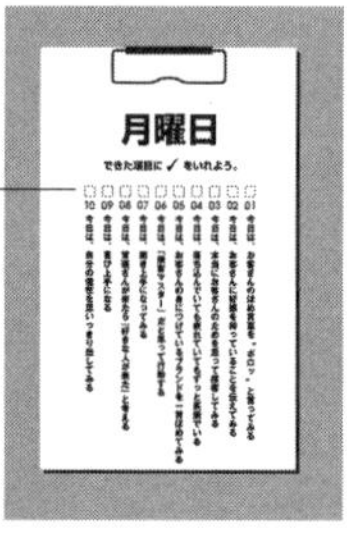
月曜日
できた項目に ✓ をいれよう。

※何度も実行しないと身につかないテクニックもあるかもしれません。そんなときは、項目番号の上に実行した日付を入れていってください。
すべての項目にチェックが入ったら、あなたはもう「接客の天才」として自信を持ってください！

角を折ったり、色を塗った**数が多くなればなるほど**、
あなたの**「接客サービス技術」**は
間違いなく向上しているでしょう!!

Book Design…Yoshiko Shimizu (smz')
Illustration…tokoton

はじめに

あなたはお客さんに一瞬で好かれるようになりたくないですか？
ちょっと接客しただけでお客さんから信用されるようになりたくないですか？
お客さんにあなたからぜひ買いたいと言わせたくないですか？
一度買っていただいたお客さんとは長いお付き合いをしたくないですか？
お客さんをハッピーな気分にさせたくないですか？

もちろん、答えは「イエス」でしょう。

実は接客サービスが得意な人たちにはある理由があります。

それは……

お客さんをトリコにする接客テクニックを知っているか、知らないかだけです。

たとえば……

・持っているブランドもののバックや腕時計をほめる
・ほめ言葉の前にポロッと一言入れる
・カップルで来た場合には、そのお連れさんをほめる
・バックを持っていない反対側から声をかける
・お客さんの話し口調や表現の仕方を真似る
・自分から好感を持っていることを伝える

などなど。

答えは簡単です。「接客テクニック」を使って、お客さんをトリコにしていたのです。
しかし、そんなことはふつう誰も教えてくれません。
だって、聞いてしまうと実にシンプルなんだもん。

難しいことなどたいしてないのです。

要は知っているか、知らないかだけですから（もちろん、実践してなきゃダメですが）。

もしかしたら、そんな〝接客テクニック〟より〝気持ちが大事だ〟と思うかもしれません。

確かにそのとおりです。

しかし、気持ちが入っただけの接客と、気持ちが入ったうえにテクニックを駆使した接客と、どちらがよりお客さんを楽しませたり、喜ばせたりすることができるでしょうか？

もちろん「後者」ですよね？

恋愛だって、好きだという気持ちだけでは相手を落とすことはできません。好きだという気持ちに恋愛テクニックを駆使することにより、確実に相手を落とす方向へ持っていくのです。

本当に好きだからこそ、恋愛テクニックを使うのです。

接客だって同じです。**お客さんに本当に喜んでほしいから、接客テクニックを使うのです。**

この本は接客サービスの基本中の基本から、応用のテクニックまで書かれています。

しかし、心配しないでください！　アルバイトの方にでもわかるようできるだけカンタンに書いていますから。

全部で67項目あります。しかも今回はさらに＋10項目ダウンロードできちゃいます！

1日1項目と考えれば、読む時間もたった5分でいいのです。

もちろん、この本のすべての項目をやっていただく必要はありません。**ほんの一部の項目をやっていただくだけでも、効果は必ず出てきます。**

章は実行しやすいように曜日ごとに分けています。その曜日ごとにやっていただいてもいいですし、そのまま順番にやっていってもいいです。またはその曜日のパッと開いたページからはじめてもいいかもしれません。あなたの好きなように使ってくださいね。

大切

ただし、ひとつだけお願いがあります。

実行してやったことは必ずページ上端の角を折ってください。そして、できるようになったら下端に赤鉛筆でもボールペンでもかまいませんから色を塗ってください。

あなたが角を折ったり、色を塗った数が多くなればなるほど、あなたの接客サービス技術はドンドン向上していきますから。

しかも接客が上手になれば、モテるようにもなりますし、周りの人間関係もよくなってくるはずです。接客でお客さんをトリコにするテクニックも意中の相手をトリコにするテクニックも人間関係をよくするテクニックも実はそんなに変わらないからです。

この本を読み終わったら、あなたはお客さんからも意中の相手からも周りの人たちからも間違いなくモテるようになっているでしょう。

早くやりたくてウズウズしてきたんじゃないですか？
準備はいいですか？
それでは、本編のスタートです。
さあ、今日からがんばっていきましょう！

目次 Contents

月曜日 013

金曜日 149

土曜日 183

日曜日 221

月曜日

できた項目に ✓ をいれよう。

□ 01 今日は、お客さんのほめ言葉を"ポロッ"と言ってみる

□ 02 今日は、お客さんに好感を持っていることを伝えてみる

□ 03 今日は、落ち込んでいても疲れていてもずっと笑顔でいる

□ 04 今日は、本当にお客さんのためを思って接客してみる

□ 05 今日は、お客さんの身につけているブランドを一言ほめてみる

□ 06 今日は、「接客マスター」だと思って行動する

□ 07 今日は、わざわざお客さんの家に謝りに行ってみる

□ 08 今日は、常連さんが来たら『好きな人が来た』と考える

□ 09 今日は、喜び上手になる

□ 10 今日は、自分の個性を思いっきり出してみる

Mon.

01

今日は、お客さんのほめ言葉を”ポロッ“と言ってみる

試着を終えたお客さんに、店員が「よくお似合いですよ！」とか「とてもピッタリですよ！」などと声をかけるのはよくある光景ですよね。

もちろん、お客さんはそうほめられたらうれしく感じます。でも、店員との間に信頼関係があればその言葉を信じられますが、初めて来店して信頼関係がまだできていない段階では、「またまたあ、こうやって誰にでもほめてるんだろうなー」なんて感じてしまうものです。では、その言葉に信憑性を増すためにはどうすればよいのでしょうか？

これが、結構カンタンなことです。

さっきのほめ言葉の前に、「ポロッ」と一言入れればいいのです。

たとえば、この場合だったら、試着した姿を初めて見たときに、聞こえるか聞こえない

くらいの小さな声で、ポロッと「（わっ、似合う！）」と言ったあとに、「よくお似合いですね!!」と言えばいいのです。このほうが真実味ありますよね？

ほかにも、部下やお店の仲間がＰＯＰを書いてくれたときも、普通に「上手だね」と言うよりも、そのＰＯＰを見た瞬間ポロッと小さな声で「（いいねー！）」とか「（すげっ！）」と言ったあとに、「いやー、上手だね！」と言ったほうが真実味ありますよね？

これを聞けば、ＰＯＰを書いた人も書いた甲斐があるというものです。

〝ポロッ〟とは、自分の本心のところですから、**敬語ではなく自分の言葉**でいいんですよ。そのときは、目を合わせないようにしてくださいね。合わせないほうがより本心っぽいです。

さあ、今日からお客さんをほめる前に、聞こえるか聞こえないかくらいの小さな声で〝ポロッ〟と一言言ってみるぞー！

月曜日
火曜日
水曜日
木曜日
金曜日
土曜日
日曜日

実行したら折る

Mon.

02

今日は、お客さんに好感を持っていることを伝えてみる

お客さんに好感を持ってもらうコツは、あなたがお客さんに好感を持っていることを言葉や素振りではっきり伝えることです。

相手が自分に対して好感を持っているのがわかると、とりあえず悪い気はしません。それよりも自分で気がつかないうちに、その人に好感を持つようになってしまうから不思議です。これが心理学でいうところの「好意の互恵性《ごけいせい》」です。

あなたにもありませんか？

友人から「○○くん、あなたのことが好きらしいよ」などと聞いたら、「別に……」とか「興味ない……」なーんて言いながらも、結構うれしかったりしませんか？

できたら色を塗る

また、それを聞いてから、○○くんのことが気になっちゃったりして。今まではほとんど気にもしていなかったにもかかわらずですよ。

だから、あなたもお客さんに好感を持ってもらいたい！　と思ったら、あなたからお客さんに好感を持っている旨を伝えることからはじめましょう。

当然ですが、理由はちゃんと伝えてくださいね。理由なしで「好感を持った」と伝えてもウソくさいだけですから。

いろいろ接客するなかで、「お客さんは感じがとてもいいので、なんか好感を持ってしまいました」といった感じでいい

んです。
また、ちゃんと気持ちを込めて伝えましょうね。
ちょっとしたコツを教えちゃいます。
少し照れたような感じで言うとより効果的です。
まずは常連さんからはじめると伝えやすいかもしれませんね。

さあ、今日から
まずは、常連さんに
「好感」を持っていることを
伝えるぞー！

Mon.

03

今日は、落ち込んでいても疲れていてもずっと笑顔でいる

今日は1日、お店の中ではずっと笑顔でいましょう。気分が少々落ち込んでいたとしても、疲れていたとしても、それはお客さんには関係ありません。歩くときだって、立っているときだって、電話しているときだって、さわやか笑顔をキープです。

そうすれば、お店の雰囲気が明るくなります。

そんなお店に入ったら、お客さんだって笑顔になっちゃいます。

だいたい接客業では笑顔はあたりまえとされてきましたが、なんで笑顔を出すのか知っていますか？

それは……**「笑顔は人に伝染する」**からです。

あなたが笑顔を出せば、お客さんにその笑顔が伝染していくんです。

お客さんに、あなたのお店に来たことによって、楽しんでほしい！　喜んでほしい！　気持ちよく買い物してほしい！　って望んでいるのなら、あなたがまず笑顔を出さないとダメです。

逆に嫌な顔でお客さんと接したら、それもお客さんに伝染しますから要注意です。

店内を歩いているときの笑顔についてもまったく同様です。気持ちよく口角（口の両角）が軽く上がっている感じがいいですよ。

ところで、あなたは自分の笑顔を知っていますか？

接客業をしているにもかかわらず、自分の笑顔を知らなかったりする人って案外多いんですよねー。女優やアイドルがいい笑顔をできるのは、笑顔の練習をしっかりやっているからです。

今日はせっかくですから、鏡を見て自分の笑顔をちゃんと知りましょう。そして、いい笑顔を出せるように練習しましょう。笑顔をうまく出せないという人は、笑顔を出している数が絶対数で足りていないんです。

さあ、今日からは疲れていてもお客さんに接しているときはもちろん、店内を歩いているときも笑顔でいくぞー！

Mon.
04

今日は、本当にお客さんのためを思って接客してみる

あなたは本当にお客さんのためを思って接客していますか？

私たちのミッションというのは、『**あなたのお店で扱っているモノ（商品）やサービスを通じて、お客さんを楽しませたり喜ばせたりすること**』です。

お客さんを楽しませたり、喜ばせたりした結果、お客さんから感謝の印にお金を頂くのです。これが『売り上げ』です。次に引っかかるようではもってのほかです。
・あなたは、押し売りなんかしていませんか？
・あなたは、だましだまし売っていませんか？
・あなたは、とりあえず売るためにお客さんに似合っていないモノまで売っていませんか？
・あなたは、お客さんを値踏みしていませんか？

お客さんと一度きりの付き合いじゃなくて、長く付き合っていきたいのでしたら、もうだましだまし売るのはやめましょう。今日は、本当にお客さんのためを思って接客してみましょうよ。きっとあなたにも一番大切なことが見えてきますから。

「そんなことしたら、売れなくなる」って？

いや、まったくその逆です。より多くのごひいき客が増えるはずです。だって、あなたのお店は信頼できるお店なのですから。そんなお店、ほとんどないですよ！

「本当に私（お客さん）のことを思って接客してくれる店員がいる」

……これが他店との一番の差別化なんです！

さあ、今日から
本当にお客さんのためを思って
接客するぞー！

Mon.

05

今日は、お客さんの身につけているブランドを一言ほめてみる

お客さんがブランドもののバックや腕時計などを持っていたとき、一言そのブランドについてほめると、お客さんは喜びます。

たとえば、「そのバック、エルメスですよねー？　本当にかわいいですね！」などね。

それは、なぜか？　といえば、そのブランドにお客さんは気づいてほしいからです。

人はブランドがほしくて買っているのではなく、そのブランドを持っている自分がほしくて買っているのです。

たとえばブランドのバックだったら、そのブランドバックを持っている自分を電車の中で見られたい。彼や彼女や友人に見られたい。お金を持っているように見られたい。オシャレに見られたい……とかね。

そのブランドバックを持った自分を見られたいんです。

だからこそ、「私は気づいていますよ」とそのバックを一言ほめてあげるのはとても大切なことなのです。

私が持っている腕時計で、今一番気にいっているのはブルガリのものです。私はこのブルガリの時計をつけているとき、何が一番うれしいかというと、「それ、ブルガリじゃないですか?」「いい時計ですねー」とか「その時計オシャレですねー」「相当高いんじゃないですか?」などと言われるのが一番幸せなのです。

言われたときは、「あ……たいした時計ではありませんから……」と平静を装いながらも心の中ではニコニコですよ（笑）。

あなたがほめても、恥ずかしさから顔にあまり出さないお客さんもいることでしょう。しかし、内心はたいてい「わかってくれた」「気づいてくれた」と喜んでいます。

ですから、腕時計がロレックスだと思ったら、「時計ロレックスですよね? すごいですね!」とか一言ほめてください。

もしそれがロレックス似の時計で「いやー安物なんですよ」って言われても、「全然見えませんねー。ホントお買い物上手ですね」などと言えばいいのです。

ブランドものとわかりやすいもの、たとえば「ブランドのロゴが大きく入ったもの」や「有名なデザインのもの」を身につけている人は、特に人に気づいてほしいという欲求が高いと考えて間違いありません。

そういった品物に気がついたら、ぜひ一言ほめてあげてくださいね。

身につけているものを「ほめる」……それだけで、お客さんはうれしい気分になりますから。

さあ、今日からは
お客さんの持っている
ブランドもののバックや身につけている
ブランドの腕時計をほめるぞー！

Mon.

06

今日は、「接客マスター」だと思って行動する

接客のレベルを上げる、一番手っ取り早い方法は、自分は「接客マスター」だと思うことです。

自分が「接客マスター」だと思うと、不思議と考え方や行動が変わるのです。

それはどうしてでしょう?

人はみんな役者だからです。そのときに応じて、いろいろな人を演じています。

あなたも経験ありませんか?

たとえば、初めて会った人にあなたが「いい人」だと思われたら、その人たちの前では「いい人」を演じちゃったりしちゃいますよね。

ほかにも、「仕事がデキる」と思われたら「仕事がデキる人」を演じちゃったりとか。

「子ども好き」だと思われたら、本当はたいして子ども好きじゃないのに、「子ども好きな人」を演じちゃったり……とかね。そのときって、不思議と話す言葉や行動もそのときに演じた人になっていますよね？

人は、いろいろな場面でいろいろな役割を演じているのですよ。だから、自分が「接客マスター」だと思えばいいのです。

しかし、そうは言ったって……なかなか思えない、なーんて人もいるかもしれません。その場合は、接客マスターというバッジを胸に貼るのが効果的です。そうすれば、お客さん

接客マスター
だと思うと行動が変わる
不思議と
自信がついたぞ
接客マスター

はあなたのことを接客マスターだと思います。そう思われたら、しっかりとした接客をするしかありませんよね。

ただ貼ったただけで変わるか？　と思われるかもしれませんが、一度騙されたと思って貼ってみてください。そうすれば、自分でも驚くほど変わりますから（ただ、それなりにお客さんから見えるよう、貼ってくださいね）。

どうしても貼るのに勇気がいる方は、「私は接客マスターだ！」と紙に書いて、常に持ち歩くようにしてください。そして、仕事に入る前や休憩時間、寝る前などにその紙を眺める。それだけでも意識が変わってきますよ。

さあ、今日から「自分は接客マスターなんだ」と思って行動するぞー！

実行したら折る

Mon.

07

今日は、わざわざお客さんの家に謝りに行ってみる

なんらかのミスやトラブルがあって、お客さんにご迷惑をかけてしまったりクレームがあった場合、お店を離れることが可能であれば、ぜひお客さんの家まで謝りに行ってみてください。これが大きなトラブルではなく、些細なことであればなおさらです。わざわざ家まで来てくれたことに、お客さんは感動してくれますからね。

私がボウリング施設の店長をやっていたころ、スタッフが間違えてお子さんから大人料金を頂いてしまったことがありました。保護者の方からのお電話で知ったのですが、調べたところ、確かにその事実があったのです。その保護者の方は、「次回遊びに行ったときに返金してくれればかまわない」とおっしゃってくれました。

次回来店時、丁寧にお詫びをして返金すれば、納得してもらえたでしょう。

できたら色を塗る

でも私は、その後すぐに車を飛ばし、10キロ以上離れたそのお客さんの家へ向かいました（住所は受付シートに書いていただいていたので、すぐにわかりました）。

そして、ご迷惑をおかけしたことを深々とお詫びし、多く頂いてしまった200円をお返ししました。

お客さんは大変感動してくれました。

「たった200円のためにわざわざ来てくれるなんて……」と。

その後、そのお客さんがウチのお店のファンになったのは言うまでもありません。

そればかりか、近所の人や知り合いにお話をしてくれたようで、その地域で私のお店はすっかり評判になってしまいました。

このとき痛感したのですが、主婦の口コミの力は想像以上にすごいですよ！

お客さんに対するミスやトラブルは、もちろんないにこしたことはありません。でも起きてしまったときには、家まで行ってお詫びをするくらいの誠意を持って臨んでください。

そして、それは20万円なら家まで謝罪しに行く、２００円なら行かないというような金額の問題ではありません。たとえ２００円でも、お客さんにご迷惑をおかけしたという点は変わらないのですから。

200円のミスでも、まるで20万円ミスしたかのように謝る。この気持ちが大切ですし、お客さんの心を動かすのです。

さあ、今日から金額の大小ではなく、お客さんに対するミスやトラブルが発生したときは、家まで謝りに行くぞー！

Mon.

08

今日は、常連さんが来たら『好きな人が来た』と考える

よく来てくれるお客さんが来たら「すごく好きな人が来てくれた」と想像して接しましょう。それだけでも相手に与える印象が全然違ってきます。

以前、会社の上司のお宅にお邪魔する前に、その方のお子さんを保育園まで一緒に迎えに行ったことがありました。お子さんを見つけたその上司は、ものすっごくうれしそうな表情で微笑んだんです。普段は厳しい上司が浮かべたその表情を、私は今でも忘れられません。本当に好きな人にだからこそ、心からうれしそうな笑顔が出せるものなんですね。

カップル同士でも同じです。たとえばあなたが男性で、デートの待ち合わせ場所に行ったら彼女が先に来ていたとしましょう。彼女が、あなたと顔が合ったとたんにすごくうれ

しそうな顔をしたらどうでしょうか？

超うれしいですよねー！　あなたが女性でも同じようにうれしいと思います。

だったら、これを常連さんにも使えばいい。

常連さんが来たら、すごくうれしそうにするんです。

コツは頭の中ですごく大切な人（恋人・奥さん・子どもなど）が来てくれたと考えてみることです。そうしたら、あなたの笑顔もとびきりの笑顔になりますので、常連さんもすごく喜んでくれるでしょう。

また、久しぶりに来店してくれた常連

恋人や大切な人を想像しながら笑顔をつくる
こんにちは
笑顔がステキな店員さんだわー
私までつられて

さんには、数年振りに会った友人のように出迎えればいいのです。「あー久しぶりです。お元気でしたか？　久々に会えてうれしいですよ！」みたいなね。

人間の心は鏡です。
あなたがすごくうれしそうに接すれば、お客さんもあなたと会うのがうれしくなりますよ！

さあ、今日からは
常連さんが来たら、すごく好きな人が来たときのように迎えるぞー！

実行したら折る

Mon.

09

今日は、喜び上手になる

ほめ上手になれとか、聞き上手になれとか……よく聞いたり、言われたりするかと思います。そこで私はもうひとつ提案したいんです。

それは、**"喜び上手になれ！"**ということです。

たとえばあなたが男性で、目の前にかわいい女の子がいたとします。あなたがその女の子をほめたとしましょう。

「でも、本当かわいいね！　その笑ったときに見えるエクボが魅力的だよねー」みたいな。

そうあなたがほめたあと、目の前の女の子が喜んでくれたらあなたもすごくうれしいで

できたら色を塗る

すよね？

誰でも自分の言葉、もしくは行動によって、人が喜んでくれるのはとてもうれしいものです。

これはお客さんとの間でも同じことです。

お客さんがあなたのことやお店のことをほめてくれたら、思いっきり喜びを表現しましょう！

そうするとお客さんは非常に喜んでくれます。


私がボウリング施設の店長をしていたころの話です。

ある常連さんの家の近くに、ゲームやビリヤード、カラオケを併設した当施設に似ている業態の店舗がありました。その常連さんは、ウチの店に遊びに来る前に、わざわざライバル店に立ち寄り、今の時間帯でだいたいお客さんの数はどのくらいいるかとか、新しいイベントを開催したとか、新しいゲーム機を入れたとか教えてくれるのです。

別に頼んだわけじゃないですよ！　あたりまえですが調査料だって払っていません。

でもなんで、いつもここまでしてくれるのだろうと思い、そのお客さんに聞いてみたのです。

そしたら、「店長がメチャクチャ喜んでくれるのがうれしくて……」と言ってくれたのです。

確かに私はお客さんの数を聞いて「ほほう、勝った！」とか「それしかいないなんて、しょぼいにょー！」とか言って思いっきり喜んでいました。そのときお客さんに言われたことで、**思いっきり喜びを表現するのはとても大切なんだと感じたのです。**

お客さんからちょっとしたものかもしれませんが、何かプレゼントなどをもらうこともあると思います。そういったときにも、思いっきり喜びを表現してあげ

このお店ってすてきですよねー
え〜〜本当ですかあ〜！
うれしい〜です♡

からだ全体で喜びを表現する店員さん

てくださいね。

たまに喜びを表現しない人がいます。

たとえば上司にほめられても、本当はうれしいのに喜んでいる様子を見られるのが恥ずかしいからって、喜びを隠したりね。これは非常に人間関係で損をしますよ。ほめた上司も、ほめてもほめなくても同じならほめなくてもいいかななんて思ってしまいます。ほめられたときは素直に喜びを表現しましょうね。

さあ、今日から、ほめられたとき、何かうれしいことをしてもらったときは、思いっきり喜びを表現するぞー！

実行したら折る

Mon.

10

今日は、自分の個性を思いっきり出してみる

よく、自分のことをマイナスに分析する人がいます。

「私って、人に好かれるタイプじゃないんですよね」

「僕は太ってるから、お客さんに嫌われるんだよね」など。

これって冷静な自己分析だと思っているかもしれませんが、決していいことではありませんよね。**欠点や短所だって、それはその人の個性です。個性は思いっきり活かすべきですよ。**

たとえば、仕事になかなか慣れず、あたふたしてしまう人。

ドジでも一生懸命さを出せれば、かえって好印象に映ったりします。ドジなんだけど、汗をかきながら懸命に取り組む姿は、人の心を打つものです。

できたら色を塗る

お客さんに対する伝え方もありのままでいいのです。

「僕はドジだし頭もよくないけど、お客さんのために一生懸命がんばります」とかね。

このように言えば、きっとあなたに好感を持ってくれますよ。

また、方言が抜けなくて恥ずかしい、なんて感じている人。

ムリに直す必要なんてありません。訛りは恥ずかしがらずにどんどん出しちゃいましょうよ！　お客さんに覚えてもらえるし、親しみやすい印象だって与えますよ。それに訛りがある人って、いかにも人がよさそうって感じがしますよねー。なんかウソがつけないっていうか、そういったキャラを前面に出せばいいのです。そもそも人に好かれるためには、自分のキャラをわかりやすく出したほうがいいのです。わかりにくいキャラだと人は不安になり、距離をとってしまうのです。

「俺なんて、デブだし髪の毛も薄いし……」など、見た目のコンプレックスを引きずっている人はいませんか？　そんなマイナス思考だと、相手にも伝わってしまいます。**ウイークポイントにも、あえて自ら触れておどけてみせてください。**

「あれ、まぶしかったですか？　人には歩く電球と呼ばれています（笑）」

「私、どすこい同好会の名誉会長の○○と申します（笑）」とかね。

ホンジャマカの石塚さんなんて、自らのウィークポイントをうまく出して、多くの人に好感を持たれていますよね。

あなたが欠点や短所だと思っていることは、自分の気持ち次第で個性に変わります。

つまり、短所は長所にすることができるのです。

自分を前向きに見つめ、行動してみてください。そうすれば、今まで気にしていたことがバカみたいに思えてくるでしょう。私は短所を自分の個性に変えていった人を何人も見てきましたから自信を持って言えます。

さあ、今日から
たとえ自分の短所だと思っていたことでも、
思いっきり出してみるぞー!

火曜日

できた項目に✓をいれよう。

- □ 01 今日は、心から楽しそうにワクワクした気持ちで仕事をする
- □ 02 今日は、アイ・コンタクトをしっかりしてみる
- □ 03 今日は、お客さんに触れているつもりで話す
- □ 04 今日は、感情を思いっきり込めてみる
- □ 05 今日は、カップルや夫婦の相手方をほめてみる
- □ 06 今日は、お子さんにパパやママのことをほめてみる
- □ 07 今日は、みんなの前でちょっとした成功体験を発表してみる
- □ 08 今日は、「自分は～のマスターなんだ」と思ってみる
- □ 09 今日は、お客さんと共通点を見つける
- □ 10 今日は、最初のころの気持ちを思い出してみる

実行したら折る

Tue.

01

今日は、心から楽しそうにワクワクした気持ちで仕事をする

あなたがイヤイヤ仕事をすれば、それはお客さんにもわかります。

そういったあなたのイヤイヤ光線がお客さんに伝わってしまうのです。

たとえば、友達と会った瞬間、その友達が言葉には出さなくても「なんか今日、機嫌悪いのかな」と感じるときってありますよね。

お客さんもそのときのあなたと同じような気持ちになり、同じように感じてしまうのです。

当然、そんなイヤイヤ仕事をしている店員から買いたくはないですよね。

逆に、**あなたが楽しく仕事をしていればお客さんも同じように楽しい気持**

できたら色を塗る

ちになります。最初はフリだけかもしれませんが、楽しそうに仕事をすると不思議と本当に楽しい気分になってしまうものです。

今日1日、たとえ嫌な仕事を頼まれても、たとえ苦手なお客さんが来たとしても、たとえお店の人間関係がうまくいってなかったとしても、本当に楽しそうにワクワク仕事をしてみてください。

お客さんの反応も、周りの仲間（店員）の反応も、あなたの仕事が終わったときの感じも、まったく違ってきますから。

さあ、今日から
フロアに出たらどんなときだって
楽しくワクワク仕事するぞー！

実行したら折る

Tue.

02

今日は、アイ・コンタクトをしっかりしてみる

アイ・コンタクトとは、「意識して相手と目を合わせる」ということです。

たとえば、どんなに満面の笑顔で、元気よく「ありがとうございます！」と言っても、目を合わせないとそれはお客さんには伝わりません。

何が伝わらないのか？　というと、**気持ちが全然伝わらないのです。**

なんかやる気がないように感じたり、怒っているように感じたり、やましいことがあるのかなー、なんて感じちゃうのです。

これは実際誰かにやってもらうのが一番わかりやすいです。

近くに人がいたらやってみてもらってくださいね。

できたら色を塗る

何げに私たちはアイ・コンタクトをしないで、お客さんにあいさつをしたり、お礼の言葉をかけたりすることってありますよね。

しかし、これは逆に悪い印象を与えてしまうことになりかねません。

だからこそ、必ずアイ・コンタクトはとりましょうね。

何もずっと目を見る必要はないんですから。あいさつでいえば、ほんの0・5秒くらいでもいいのです。

アイ・コンタクトで思い出しましたが、商品説明をするときに、下を向いて説明するのはやめましょう。

そうすると、お客さんから見て、その商品に自信がないのがわかってしまいます。

私たちは自信がない商品をオススメする場合、どうしても目をそらしてしまいがちです。

お客さんは結構そういうところにすぐに気づいてしまいますよ。

しっかりと自信を持って、お客さんを見て話すことを心がけてくださいね（ま、自信がない商品をススメること自体問題ですが……）。

さあ、今日から
アイ・コンタクトをしっかりとって
笑顔であいさつするぞー！

Tue.
03

今日は、お客さんに触れているつもりで話す

心理学では、「相手の体に触れることで、好印象を与えることができる」と言われています。

だからよくドラマなどでも見かけますが、上司が「がんばれ！」と言って、部下の肩を叩いたりすることはいいことなんです。レストランのレジなどでもおつりを渡すとき、手を軽く触れてくる店員さんっていますよね？　これって、実は〝たまたま当たった〟のではなく、〝軽く触れる〟ということを、教えられたりしているのですよ。

お客さんの体には触れたほうがいいのです。もちろん、〝軽い感じ〟で〝自然と〟ですけどね。

そうは言うけど、実際のところ……今はセクハラの問題があったり、なかなかやはりお客さんには触れにくいなーと感じる人もいるかと思います。

そんな方へ……いい方法があるんです。

お客さんの体に触れるのではなく、"触れているつもり"で話してみるのです。

あなたがお客さんの肩に軽く手をかけて話しているような感じでね。

人間の意識には、普段使っている顕在意識と、直感やヒラメキなどの潜在意識というのがあります。潜在意識は、本当に体に触れているか触れていないのかがわからないのです。

手が肩に触れているイメージをしながら話すとよい
こちらの商品はですね…
へーそうなんですか

あなたが体に触れているつもりで話せば、潜在意識の中では実際に触れているような感じになるのです。そんなの本当かよ？　って思われるかもしれませんが、本当です。
やってみればわかると思いますが、触れているつもりで話すと、あなたもなんとなくそのお客さんに対して好印象を持つようになります。そうすれば、それがお客さんにも伝わっていって、お客さんもあなたに対してなんとなく好印象を持つようになるのです。

さあ、今日から
お客さんと話すときは、お客さんの肩に軽く手をかけているつもりで話すぞー！

実行したら折る

Tue.

04

今日は、感情を思いっきり込めてみる

この間洋服を買いに行ったときのことです。

商品をいろいろ手にとったりしていたら、店員さんが気さくに話しかけてきました。笑顔のいい店員さんで、最初好感は持てたのですが、私が「福岡に住んでいたこともあって、今でも好きでしょっちゅう行っている」という話をしたときです。その店員さんは、作った笑顔で「今度、福岡のおいしいお店を教えてくださいね」とサラッと言ったんです……正直、これにはガッカリしました。なんて心がこもっていないんだろう、ってね。だいたい……ここは東京で、あなた福岡に興味ないいっしょ？（怒）って思っちゃいました。

もしもそのとき、「福岡には前から行こうと思っていたんですよ。本場のとんこつラーメンって食べてみたいですし、絶対ここは行ったほうがいいっていうオススメのラーメン

できたら色を塗る

屋さんはありますか？」とか本当に知りたそうに言われたら、印象は全然違っていたでしょうね。うれしくなっていろいろ話したと思います。

接客業をしているのでしたら、感情を込めて話すことは非常に大切です。

たとえば、「そのジーンズは、シルエットが非常にきれいですよ」って言うにしても、感情が込められているかどうかで伝わり方がまったく違ってくるものです。

残念ながら、言葉に感情が入っていない店員って結構いるんですよねー。そのくせ、「売れてますよー」「昨日入ってき

たばかりなんです」「お似合いですねー」などと言ってくる。信憑性薄いですよねー。

あと、たまに営業マンとかでもいるのですが、本題に入る前にたいして興味ないのに、「休日は何をされているんですか?」とか聞いてくる人って。知りたいのなら、本当に知りたそうに感情を込めて聞かないと。そうじゃなきゃ、こっちも話すの面倒ですよ。

感情をうまく込められないという人は、感情を込めて話す練習をしてください。この練習を何度も繰り返せば、どんな人でも間違いなく感情を込められるようになりますから。

さあ、今日からは
お客さんと話すときは、
思いっきり感情を込めて話すぞー!

Tue.
05

今日は、カップルや夫婦の相手方をほめてみる

カップルや夫婦の場合、**そのお連れさんをほめてあげるととても喜びます。**

私がよくやっていたのは、カップルの場合でしたら彼女がトイレに行っている間や彼氏と少し離れたときに、彼氏のところへ行き**「メッチャ彼女かわいいですねー！」**などと一言ほめていました。

ほめられた彼氏はその彼女を自慢に思うというか、一緒にいることがかなりうれしくなるんですよね。

そして当然、このことを彼女にも伝えるでしょう。そしたら、彼女もそれを聞いてうれしくなります。

彼がそのことを伝え、二人で喜んでいる姿を遠くから見ては、「オイラもいい仕事したなー」なーんて思っちゃったりしていました（笑）。

夫婦の場合でしたら、もしかしたらほめても「そんなことないですよ……」「そうですかあ？」などと返ってくることがあるかもしれません。日本人は謙遜しがちですからね。そういう場合でも、**そのままほめ通してくださいね。**

なぜなら、「そんなことないですよ……」と言いながらも、実は結構うれしかったりするのですから。本当は「もっとほめて！」と思っているかもしれません。

あなただって、たとえばみんなと飲んでいるとき、本当はそれほど思っていないのに「俺って仕事できないからな……」って言ったとしましょう。その仲間の一人が、「おまえ、そう言っているけど、本当はすごい仕事できるんだよねー……」とフォローしてくれました。でも、さらにあなたが謙遜して「そんなことないよ」って返したとき、その相手が「そうだよね」って納得しちゃうセリフを言ったら悲しいですよね？　あなたが「そんなことないよ」って謙遜しても、内心は「もっと仕事ができること」についてほめてほしかったりしますよね？

夫婦が謙遜する場合もこれと一緒ですよ。
だから、もしあなたがほめて相手が謙遜しても、絶対そのままほめ通してくださいね。
あなたがほめる一言によって、その二人がお互いのよさを再確認できたり、いつもよりさらに仲よくなれたりしちゃうかもしれないんですから。

最近ケンカしがちだったのに、私の一言によって仲が戻る。
付き合ったばかりのカップルが、私の一言によってさらに仲よくなる。

これって、私は間違いなくステキなことだと思います！　接客業やっているからこそ味わえる悦びなんですよねー。

さあ、今日からカップルや夫婦のお客さんが来たら、その相手方のよさが見つめ直せるほめ方をしてみるぞー！

実行したら折る

Tue.
06

今日は、お子さんにパパやママのことをほめてみる

前項はカップルや夫婦の相手方をほめるということをお伝えしました。今度はファミリー客に対するほめ方です。**パパやママのことをほめるとき、パパとかママに直接ほめるのではなく、お子さんに話しかけてみてください。**

私はお店をやっていたころ、しょっちゅうお客さんへ声をかけていました。

たとえば、ボウリングのスコアが好調なお客さんに、私はよく声をかけにいきました。

それが家族連れのお客さんで、お父さんがうまかった場合はお父さんに話しかけるのではなく、お子さんにお父さんのことをほめるのです。ボウリングのスコアに出ている名前をそれとなくチェックし、「○○ちゃんのパパって、スゴイねー！　本当ボウリング上手

できたら色を塗る

だねー！」ってね。

そうすると、お子さんは自分のパパがほめられて非常に喜びます。また、パパはそのお子さんからの**アツイまなざしを感じて、**うれしくなってしまうのです。

やってみるとわかりますが、ホント喜びますよ。お子さんがいる人ならば、この気持ちわかるのではないでしょうか？　自分の子どもから尊敬されるというのは、親にとってはこのうえない喜びです。

店員の一言で、自分も間接的にほめられ、お子さんからもスゴイと思われるなんて、うれしさ倍増ですよね。お父さんが照れくさそうに、でもとても得意げになっている姿を見て、私も満足感を味わったものです。当然その後もそのファミリーにとって、とても楽しいボウリングの時間が過ごせるのです。

ゲームセンターなんかでもそうですよ。お父さんが景品をGETしたら、お子さんに「パパ、すごいねー！」って言えばいいんです。おじいちゃんがとったら、「ジイジ、すごーい！」と言えばいいんです。

洋服を扱っているショップでしたら、お客さんが試着したときにお子さんが近くにいたら、お子さんに対して「ママ、よく似合うねー！」とほめてもいいですよ。また、ママがきれいだと思ったら、「ママきれいだね！　なんか女優さんみたいだねー！」って言ったりね。

パパやママを直接ほめるよりも、お子さんを通じてほめたほうが絶対にいいですよ。親はほめられたこともうれしいし、お子さんから尊敬されることもまたうれしいし、お子さんも親をほめられてうれしいんですから。その効果は高いといえるでしょう。

さあ、今日からお子さんに、パパやママのことをほめてみるぞー！

Tue.

07

今日は、みんなの前でちょっとした成功体験を発表してみる

あなたの接客によって、お客さんが喜んでくれたり感謝してくれたりということがあるかと思います。そういった成功体験を終礼や朝礼などで発表してみてください。

働いていれば、「こうすれば、お客さんは喜んでくれる」ということを、日頃の接客業務のなかで体験しているものです。

もしかしたら、あなたにとっては「ちょっとしたこと」かもしれません。しかし、ほかの人たちにとっては「まったく新しいこと」、「気づきそうで気づかなかったこと」だったりするものなのです。そんなに大それたことでなくて構いませんよ。ほんのちょっとしたことでいいのです。

あとはみんなの前で発表する機会を作りさえすれば、この成功体験を分かち合うことが

できるのです。聞いた仲間は「こんなときは、こうすればいいんだ！」とわかり、**活きた接客知識として広がるので、一気にそのお店の接客レベルが上がっていきます。**

はっきり言って、どんな接客サービスの本より役立ちます。あなたのお店ですぐに実践できる「活きた接客知識」です。

これは非常に効果が高いので、ぜひやったほうがいいです。

また、発表した人が話し終わったあとには、その発表した人に尊敬と感謝の気持ちを込めて拍手をしてあげるようにしてくださいね。

そうすれば、発表した人も気持ちがよくなり、もっと発表しようといういい循環を作り出します。

ところで、あなたのお店の終礼ではどんなことを話し合っているのでしょうか？

伝達、連絡事項だけなんてもったいないです。「早く帰りたいから終礼なんてやらない」なんてのは論外ですよ。

早く帰りたい気持ちもわかりますが、今日はいつもより少し時間をかけて終礼を行ってください。高い効果のわりに、時間もかかりませんからね。

さあ、今日から早速、終礼（朝礼）のとき、お客さんが喜んでくれたり感謝してくれた接客体験を発表するぞー！

Tue.

08

今日は、「自分は～のマスターなんだ」と思ってみる

前にも書きましたが、接客マスターの一番の近道は「自分は接客マスターなんだ」と思うことです。これをうまく使えば、なんにでも応用できます。

「自分は～のマスターなんだ」と思えばいいだけなのです。

これは私が初めて店長になったときに強く感じました。そのお店は、ナムコの中でトップレベルの規模だったにもかかわらず、社員の数がかなり足りていませんでした。だからオープンしてからというもの、当然休みをとるどころではなく勤務時間も相当長くかなりハードなものでした。もう家に帰る時間もないので、ボウリングのレーンで寝ていたときもあったほどです。

しばらくすると、上司が気を利かせて社員を新しく入れてくれました。そうしたら、入

社6年目の先輩社員が私の部下になることになってしまいました。当時、私は入社して1年ちょっとだったにもかかわらずです！　しかも、その先輩社員は私が新入社員研修で、掃除のやり方を教わった人。ひと癖もふた癖もある人でした。

これは最初、非常にやりにくかった思い出があります。どう接していいのかもよくわからなかったですし、やはり彼も悔しいのか私に反抗的な態度をとってくるのです。しかも、知識の面では私より優れているところが多いので、朝礼などでスタッフを前にしているところで微妙な質問をしてきたりしました。当時、私は彼に負けないよう力で抑えていました。しかし、よくよく考えてみたら私は彼のライバルではなく上司なのです。「自分は優れた上司であり、スーパー店長なんだ」と思うようにしたのです。

そうしたら、彼を抑えるのではなく、彼のいいところを認めてあげ、私がわからないことは彼から学ぶ姿勢で接することができるようになりました。そう接すると、彼も変わってきました。一緒にお店を盛り上げていこうという気持ちになってくれましたし、私にも尊敬の念を示すようになったのです。

また、このように「自分はスーパー店長なんだ」と思うようになると、ほかのことに対しても自分のスタンスが変わってきました。それまで見て見ぬ振りをしてきたこと、していたいと思ったこともそう感じなくなりました。スタッフを指導するときの言葉にも自信や熱意が出てきました。そして、新しいイベント案などもどんどん浮かんでくるようになったのです。

その結果このお店は初年度から黒字になり、通常ボウリング施設では出すことができない売り上げも達成できたのです。これはもちろん、上司や部下に恵まれたからなのですが、**何はともあれ私が「自分はスーパー店長なんだ」と思わなければ絶対達成できなかったことです。**

あなたはなんのマスターでしょうか？

自分は〜のマスターだと思えば自信がついてきます。自信がついてくると、行動や考え方が変わってきます。行動や考え方が変わってくると、結果がついてくるのです。

さあ、今日から「自分は〜のマスターなんだ」と思って行動するぞー！

Tue.
09

今日は、お客さんと共通点を見つける

あなたにも、初対面の人と会ったとき、初めて会ったとは思えないほど意気投合しちゃったり、仲よくなったりした経験ってありますよね？

たとえば、共通の友人がいる、大好きな芸能人が一緒、趣味が同じ、母校が一緒、乗っている車が同じ、同じ病気をしたことがある……とか、きっかけはいろいろありますよね。

初対面でも共通点が見つかると、すぐに仲よくなっちゃったり、軽い信頼関係ができたりするものです。

これは、人は誰もが自分のことを理解してもらいたい、認められたいと思っているからです。

共通点が見つかると、「この人ならきっとわかってくれる」となんとなく

安心できるようになるのです。

だから、ホストやホステスは共通点を妙に見つけてきて、あなたの好きなものに必ず合わせてきます。たとえば……

（ホステス）「女優さんだったらどんな人が好み？」
（お客さん）「オレ、黒木瞳が好きなんだねー」
（ホステス）「えー！　うそー！　私が一番憧れている女優さんじゃない？　ねえ、この前のドラマよかったよねー」

みたいな。共通点が見つかれば、カンタンにお客さんの心をトリコにできることを知っているのです。

しかし、このようにお客さんに質問すると、わざと合わせてきたなって感じる人もいます。質問して、その答えに合わせているのでちょっとうそ臭い感じがするのです。

そういった場合、どうすればいいかというと、**質問をしないで相手に勝手に答えさせればいいのです。**

たとえば、次のようにね。

（ホステス）「なんかミスチルとか聞いてそうな感じだよね？」

（お客さん）「ミスチルは聞かないなー。でも、オレMISAが好きなんだ」

（ホステス）「えー！　うそー！　私もMISAが一番好きなの！　MISAって本当いいよねー。ねえ、どの曲が一番好き？」


この違い、わかります？

ちょっとしたテクニックなのですが、お客さんのほうから自分で答えているので、相手が合わせてきたという感じがしないのです。

「どんなミュージシャンが好き？」って質問して、答えに合わせたのならうそ臭いですが、別に質問したわけでもないのに、お客さんのほうから勝手に答えてきてくれているんですから、このあとの展開が盛り上がります。

これは別に当たっていようが当たっていまいが関係ないですよ。間違えていれば、人は本能的に修正しようとしてくるので、この場合、あなたは質問をすることなく、相手の好きなミュージシャンが誰だか知ることができます。

仮に当たっていたとしたら、お客さんはかなり驚くでしょう。そういう場合は「私もミスチルが好きだから、そういうニオイを感じたのよねー」と言えばいいのです。

わかっているとは思いますが、実際の接客現場でいきなり「ミスチルとか聞いてそうな感じですよね？」はおかしいですよ。いろいろと接客をしているなかで、ｉＰｏｄが見えたときとかに聞いたりしてくださいね。

さあ、今日からドンドンお客さんとの共通点を見つけて盛り上がるぞー！

実行したら折る

Tue.

10

今日は、最初のころの気持ちを思い出してみる

あなたは今のお店で働きはじめたとき、どんな心境でしたでしょうか？


「商品のことをいろいろ勉強しよう！」

「お客さんには笑顔を絶やさないように接しよう！」

「お客さんが喜んでくれるお店にしよう！」

「汚れている場所はもっとキレイにしよう！」

「お店のおかしいところは変えてやろう！」


……などなど。期待を胸に、さまざまな意気込みを抱いていたのではないでしょうか？

できたら色を塗る

ところが、時間が経つにつれ、こういった最初のころの気持ちって忘れてきてしまうんですよね。たとえ忘れていなくても、おろそかになってしまったり、まあいっか、なんて考えてしまう。誰かがやるだろう、なんて見て見ぬ振りをしてしまう。

以前、こんなことがありました。後輩のお店に行ったときのことです。

彼は新入社員のころ、未熟ながらも一生懸命で熱心な接客をしていました。しかし、久々に会って店長になっていた彼は、上っ面な接客をしていたのです。

確かに接客の技術は持っているんです

よ。笑顔やあいさつもよく、声のトーンもいい。そして、お店全体を見ている目の動きもいい。

しかし、表面的というか、接客に心がこもっていないのがわかるんですよねー。お客さんを流しているのがわかる。しかも彼は新入社員のころ、そういった先輩社員を見て「あーなっちゃいけないですよねー」と言っていたにもかかわらずですよ。

あなたは、最初のころの気持ちを忘れてはいないでしょうか？
会社の悪習に染まってはいないでしょうか？

さあ、今日から
最初のころ考えていたこと、思っていたこと、
感じていたことを思い出して
初心に戻って実行してみるぞー！

水曜日

できた項目に ✓ をいれよう。

- □ 01 今日は、お客さんのウィークポイントをほめてみる
- □ 02 今日は、お客さんの話し方をマネてみる
- □ 03 今日は、ハンドクリームを持ってみる
- □ 04 今日は、聞き上手になってみる
- □ 05 今日は、自分でできることがないか考える
- □ 06 今日は、「すみません」を「ありがとうございます」に変える
- □ 07 今日は、お客さんの写真を撮ってみる
- □ 08 今日は、お子さんをほめてみる
- □ 09 今日は、お客さんの自尊心をくすぐってみる
- □ 10 今日は、自分のイライラ、嫌なことを店内に持ち込まない

Wed.

01

今日は、お客さんのウィークポイントをほめてみる

お客さんに喜んでいただける、とっておきのすごいパワフルなテクニックがあります。

お客さんを見たとき、パッと見、あまりよくないなーと思ったところがわかったとします。あえてそのウィークポイントをほめるのです。

ただ、そのままほめてはダメです。そんなことしたら、怒って帰っちゃいます（笑）。

じゃあ、どうやってほめるのか？

その、パッと見あまりよくないなーと思ったところ、つまりウィークポイントを、まったく逆手にとってほめるのです。

たとえば、なんか性格のキツそうな感じのお客さんがいたとします。

少し接客したあとで、「気さくで、なんか話しやすい方ですね」とほめてみる。

わかりますか？

たとえば、目がきついお客さんでしたら、「目がきつい」を逆にしてほめる。

「なんかやさしい目をしていますね」とかね。

やってみると、わかりますが相手はすごく喜びます。でも、ちゃんと気持ちを込めて言わないとダメですよ！

それは、なんでか？　というと、相手はそこを自分の短所だと思っていて、実際ほめられることもないので、ほめられ馴れしていないのです。

そんなことしたら怒る人いない？　なんて思われるかもしれませんが、怒る人

えー本当ですか。
いつも、きつい目だって言われるんですけどね。
お客様の目ってやさしい感じがしますよね。

なんていません。

ただ、やはりほめられ馴れしていないので、「そんなことないです」などと謙遜する場合があります。そのときは、そのほめたことを引っ込めないで、そのままほめ通してください。相手はそれを待っていますから。

たとえば、無口の人がいた。あなたが次のようにほめた。

「お話が非常におもしろいですよね！」

「そんなことないですよー。そんなこと言われたことないです」

「えっー！　そうですか！　メチャクチャ話おもしろいですよ。それに、なんか話のタイミングも上手なんですよねー」

……みたいなね。

これだったらほめられた相手はかなり喜ぶはずですよ。これが合コンでしたら、その相手はあなたのことが気になるでしょうね（笑）。実は合コンでもかなり使えるテクニックなんです。

でも、ちゃんと常識的な範疇でほめてくださいね。

たとえば、髪の毛の薄い人に「フサフサですね」なんて声かけたら怒られちゃいますよね（常識的には頭のことは触れないのがベストです。ほめるとしたら、どうしても実年齢より老けて見えてしまいますので、「なんかお若いですねー！」でしょうね）。

これは友人や上司、はたまた異性の相手にも効果があります。

使った人しかわかりませんが、本当にかなり使えますので、ぜひ、使ってみてくださいね！　しかし、これはいきなり使ったら変ですよ。相手とある程度、接してから使うようにしてください。常連さんなんて、超効果的ですよ！

さあ、今日から
お客さんのウィークポイントを逆にして
積極的にほめてみるぞー！

Wed.

02

今日は、お客さんの話し方をマネてみる

人は自分と似ている感じを持つ人には親近感を持ちます。

ではそういった感じをカンタンに出せる方法をお教えしますね。

それは、**お客さんの口調をマネしてみるということです。**

お客さんの話すリズム、話すスピード、声の大きさ、言葉の使い方などをマネしてみるのです。

お客さんが早く話せば、あなたも同じように早く話し、お客さんがテンションを上げて話せば、あなたも同じようにテンションを上げて話す。そして、お客さんがジーンズのことをデニムと言ったらあなたもデニムと言い、Gパンと言ったらGパンと言う。

だから、よく「天然」といわれるおっとりした人っていますよね？ そういった人たち

にはその人と同じようにゆっくりやさしく話すのがポイントになります。

このように話せば、お客さんはなんとなく、あなたと『ウマが合う』とか『同じニオイがする』と感じ、親近感を持つようになるでしょう。

そしてもうひとつ大事なことをお知らせしますね。

表現の仕方をマネするということです。

たとえば、お客さんが「このジャケット、『マジでいい』ッスね！」と言ったら、あなたもそのお客さんに何か薦める際には、「このパンツはどうですか？　このパ

あら、そちらステキね
こちら、とてもステキなんですよー
えーまじっすかー
とんでもないっすよー
ゆっくり丁寧に…
テンションを上げて少し大げさに…
客Bタイプ
客Aタイプ

ンツ、シルエットが『マジでいい』ですよー」と同じような表現をするのです。

そうすると、**お客さんは自分の表現なのでその言葉をそのまま受け入れやすくなる。買ってくれる率が上がるのです。**

実はこれ、ほとんどの人がやっていませんが、本当はあたりまえのことなのです。だって、私たちはお客さんにわかりやすく、そして一番親しみやすい言葉で会話したり、説明してあげたりしなければならないのですから。

じゃあ親しみやすく、「一番わかりやすい」っていったら、そりゃお客さんの話すリズムで、お客さんの普段使っている言葉を使うことですよねー。

さあ、今日から
お客さんと同じリズムで、
同じ言葉、同じ表現を使って話すぞー!

Wed.

03

今日は、ハンドクリームを持ってみる

この一見接客になんの関係もなさそうなタイトルを見て、あなたはどう感じましたか？

「ああ、なるほど。お客さんに対する細やかな身だしなみとして、手荒れにも気を遣えってことだな」

とか、思ったんじゃないでしょうか？

もちろんそれも大事ですが……。

私が言いたいのは〝そのハンドクリームをお客さんに差し出してみよう〟ということなのです。

手が荒れているお客さんや、包装が終わるのを待っているお客さんに、「よかったらお使いください」とさりげなく差し出してみてください。

私は冬になると、ボウリングを終えたお客さんに差し出していました。

「冬になると手が荒れますよねー」と差し出すのです。お客さんはちょっとハッとして、でも意外なほど喜んで使ってくれますよ。

こんな気遣いをしてくれるお店はなかなかないですからね……。

そもそもハンドクリームって、男性は持ち歩いていることが少ないです。

でも手は荒れる。だからこそ、スッと差し出すのです。

特にキャバクラなどでは、女性が手につけて塗ってあげれば、お客さんは間違

いなくあなたのトリコになるでしょう（笑）。ちょっとしたことですが、**かなりパワフルなサービスになるのです。**

メイド喫茶でもよさそうですね。こんなサービスをしたらかなりのお客さんが萌えることでしょう（笑）。

でも、本当はハンドクリームにこだわる必要はないのです。

こういうさりげないサービスに「気づける」ことが大事なのですよ。

さあ、今日からはハンドクリームなどさりげないサービスをするぞー！

Wed.

04

今日は、聞き上手になってみる

人は話を聞いてもらうのが大好きです。
特に自分の話を熱心に聞いてくれる人に対しては、強い好感を持ちます。

それは、この世の中には自分の話を熱心に聞いてくれる人があまりにも少ないからです。
それに、「熱心に話を聞く」とは、その人に対して関心を持つ、興味があるという意思表示のひとつでもあります。

あなただって自分の話を熱心に聞いてくれる人がいたらうれしいですよね？
あなたに関心を持ってくれる人がいたらうれしいですよね？

だから、あなたがお客さんの話を熱心に聞くだけで、お客さんはあなたのことをとても気にいってくれるようになるのです。

言うまでもなく、聞くときは **”喜んで聞いている“** って感じで聞いてくださいね。

人は話しているとき、「つまらないだろうか？」などと考えてしまうことがあります。その点はというと、笑顔で受け答えすればお客さんも話しやすいです。そして、肯定しながら聞いてあげればいいだけなのです。

混雑している時間は難しいでしょうが、平日の昼間などあまりお客さんがいないときはなるべくよく聞いてあげるようにしてください。

私のお店はボウリング場にもかかわらず、私に話をしたいためだけに、ボウリングをしに来てくれるお客さんが結構いました。しかも、主婦の方などが……。

当初はちょっとウザイなーなんて思うこともありました（失礼！）。しかし、「この人の話ってなんておもしろいんだろう！」と思って聞くようにしたら、不思議とつまらなく感じないようになったのです。しかも、「主婦って本当に大変なんだなー」「この主婦《ひと》って結

月
曜日
火
曜日
水
曜日
木
曜日
金
曜日
土
曜日
日
曜日

構かわいいところがあるんだなー」など相手のいいところが見えるようになりました。

そうすると、私も話を聞くのがおもしろくなる。

しかもそうなると今度は、そのお客さんがどんどん「おもしろい店長がいる」とパート仲間を連れてきてくれるようになるのです。

もちろん、話だけしに来る人はいません。ちゃんと、最低でもボウリングゲームはやってくれるのです。

さあ、今日から
お客さんの話を熱心に、そして
「この人の話は、なんておもしろいんだろう」
と考えて聞くぞー！

Wed.

05

今日は、自分でできることがないか考える

これは友人が、渋谷にある有名若者向けレディースブランドのお店で体験したことです。

そのとき、そのお店では2万円以上購入したお客さんにバックのノベルティをプレゼントしていました。そのノベルティはヤフーオークションでも高値で取引されるくらいのかわいいバックだったのです。友人はそのバックを非常に気にいっていたのですが、残念なことにノベルティの部品が一部壊れていました。

それで、お店に「壊れているので、新しいものに換えてもらえませんか?」とお願いしに行ったのです。しかし、もうそのときには在庫がなくなってしまっていました。他店の在庫も調べてもらったのですが、やはり他店にもない。それを聞いた友人は、すごく残念

がったそうです。

　そしたら、その様子を見た店員が……

「本当に申し訳ございません。在庫がなくてお取り換えできないものなので、**私がこれをお預かりして、東急ハンズで部品を買ってきて直します**」

……って言ってくれたそうなんです。

　超派手派手ネェちゃんにもかかわらず、ものすごい誠心誠意の応えで、友人はホントビックリ・感動し、お店に対しての好感度もアップしたそうなんです。

　本当にうれしかったので、あとでそのお店の本社宛に『その店員さんの応対に感動しました』ってメールまでしちゃったほどです。

このように、クレームが来たときにお店として対応できなくても、自分自身で何かできることはないか？　と考えることが大切です。特にこの店員の「残念がっているお客さんのためになんとかしてあげよう！」という気持ちがとても大切なのです。

また、あなたがどこかのお店の店員の応対によってすごく感動した、感謝した……なんていうことがあったら、そのお店の**「本社」にお礼の報告**をしてあげましょう。お店レベルじゃなくて、本社ってところがポイントです。

さあ、今日から
お客さんのために自分が何かできないか？
よく考えてみるぞー！

Wed.

06

今日は、「すみません」を「ありがとうございます」に変える

私たち日本人は、「すみません」を使いすぎる傾向にあります。仕事中に限らず、日常生活のなかでもです。たとえば、向こうから歩いてきた人が道を譲ってくれたとき、とっさに「すみません」と言っていませんか？

そういうときの「すみません」を「ありがとうございます」に変えてみましょう。

「すみません」が間違っているとか、悪いということではありません。でも、「ありがとうございます」のほうが響きもよく、言われた側もうれしい気持ちになれるのです。

たとえば、あなただってそうじゃないですか？

駅で知らない人が定期入れを落としたとします。それに気づいたあなたが拾ってあげま

した。そうしたら「どうもありがとうございました」とお礼を言われました。

「すみません」と言われるのと、このように「ありがとうございます」と言われるのとどちらが気持ちいいですか？

当然、「ありがとうございます」ですよね。

だからこそ、あなたのお店でも心がけてみてください。

「お客さんにほめていただいたとき」「お客さんに何かしてもらったとき」など、いろいろな場面があるはずです。

仕事の場面だけではなく、普段の生活

でも心がけて使うようにすると「ありがとうございます」が出やすくなりますよ。
「ありがとうございます」は感謝の心を表す「最良の言葉」なのです！

さあ、今日から
仕事でもプライベートでも「すみません」を
「ありがとうございます」に変えるぞー！

Wed.

07

今日は、お客さんの写真を撮ってみる

たとえばあなたのお店がアミューズメント施設でしたら、ぬいぐるみなどの景品をお客さんがGETしたとき記念に写真を撮ってあげると絶対にいいですよ。

それは、かなりパワフルな効果があるからです。私はこのテクニックを推奨し、多くのお店がこれをきっかけに売り上げが上がっていきましたからね。もう閉鎖しようとまで考えていたある不振店なんて、毎月前年比10%ずつ上がっていき、最終的には前年比180%近くまで上がりましたから。しかも、**パワフルな効果のわりにやることはカンタンです。**

まずは、景品をGETしたお客さんを見つけてスタッフが「おめでとうございます！」

と言って一緒になって喜びます。すかさず「GETした記念に」とデジカメで写真を撮ります。そのあと、「1週間後にはできあがりますので、今度来られたときに無料で差し上げますね！」と言う。そして、できあがった写真から店内に貼っていく。1週間後以降取りに来ていただいたら、お客さんの住所を書いてもらい、引き換えに写真を無料で差し上げる……というようにすればいいんです。

これって、わかります？

お客さんを常連客にするための流れができているんですよ。

まず、景品をGETしたお客さんと一緒になって喜んだり、写真を撮ってあげたり、これをきっかけにちょっと話をしたり、と「スタッフとの交流」ができます。このことにより、**スタッフもしくはお店に対しての『親近感』がわくようになります。**

そして、1週間後以降に取りに来てもらうことで、**また来てもらう〝きっかけ〟が作れます。**このきっかけというのは結構大事で、どんなにその店がよくても何かきっかけがないともう一回行かなかったりする場合があるんですよね。あなたもよくあるんじゃないですか？　たとえば、初めて行ったお店を気にいって、友人や恋人に「ここいいね、また来よう！」という感じになっても次行かなかった、なーんてことが。だからこそ、**もう一回来てもらうためのきっかけ作りは結構大事なのです。**私の経験から言えば、この景品写真は7割近くものお客さんが取りに来てくれますよ。

さらに、できあがった写真を店内のあちこちに貼ることによって、**“店内が明るく”なります。**だって、お客さんの笑顔の写真がたくさん貼ってあるのですから。お客さんにもその笑顔は伝染していきますしね。そのうえ、貼ってある写真の数が多くなれば多くなるほど、「この店は取れそう！」「お客さんに支持されている！」という感じがしてくるものです。

私は写真を貼る場所を店内だけではなく、入り口やその付近もよく勧めています。それはその写真を見て、入ってくる人が確実に増えるからです。

最後に、写真を取りに来たときに住所を書いてもらうのは、わかりますよね？

このあとのＤＭやニュースレターを展開し、**お客さんとの『人間関係を深めていく』**からです。

あなたのお店も商業施設に入っていることが多いでしょう。その場合でしたら、お店で行う仕掛けは大きく三つあります。

①お客さんに入ってもらう仕掛け
②お客さんを楽しませ、お金を使ってもらう仕掛け
③お客さんにまた来てもらう仕掛け

これがすべて網羅されているんです。

また、写真って記念に残りますよね？　お客さんのアルバムにあなたのお店の写真が追加されるなんて最高じゃないですか！　その写真を見るたびにあなたのお店のことを思い出してくれるのです。だから、写真はできるだけきれいに撮ってあげましょうね。

これは景品だけじゃなく、いろいろと応用できますよ。

たとえば、あなたのお店が飲食店ならカップルやグループ、ファミリーでの乾杯のところを撮ってあげればいいのです。おいしそうに食べている人限定とか、スタッフに「おいしいですねー」と言った人限定とか、名物料理を注文してくれた人限定とか、理由づけしてもいいですよね。

記念撮影はお客さんが喜んでくれるサービスでありながら、常連客にしてしまうための流れも作れるといった一石二鳥の名案なのです。ぜひやってみてくださいね！

さあ、今日から
お客さんの何か記念になる写真を撮って、
どんどん常連客にしていくぞー！

実行したら折る

Wed.

08

今日は、お子さんをほめてみる

自分の子どもがほめられるのは、親ならば誰でもうれしいものです。どんなに子ども嫌いだった人でも、自分が親になると自分の子どもをえらくかわいがったりするものです。

それは、当然のことながら自分の子どもが一番かわいいと思っているからです。

ですから、あなたもお客さんがお子さんを連れていたらほめてあげましょうよ。

単に「かわいいですねー」「いい子ですよねー」とだけ、ほめるのはやめましょうね。ちゃんと感情を込めて、ほめる理由も伝えてください。なんでかわいいと思ったのか。なんでいい子だと思ったのかを。

そうすれば、お客さんはものすごく喜んでくれますから。

できたら色を塗る

私が以前、不振店の建て直しをしていたところ、あるファミリーがお店に来てくれました。

私はそのファミリーの顔を覚えていたので、次のように話しかけました。

（私）「この前も来てくださいましたよね？　確かくまのプーさんのぬいぐるみをGETされていましたよね」

（お客さん）「まだ二回目なんですけど、よく覚えていますね」

（私）「覚えてますよー！　だって、お子さんメチャかわいいんですもん！　特に笑ったときの顔がかわいいですよねー!!」

（お客さん）「ありがとうございます。（お子さんを見ながら）よかったねー！」

◯

○ちゃん、かわいいって」
　このファミリーはものすごく喜んでいるのがわかりましたよ。おそらく、家に帰ってからも「ウチの子はやっぱ笑顔がかわいいんだ」とつくづく思うはずです（笑）。私にもその気持ちが痛いほどわかります。お世辞かもしれないと思っても、自分の子どもがほめられるのはうれしいものなのです。
　もちろん、そのファミリーはそれからというもの週に一回は遊びに来てくれるようになりました。

お子さんを観察していれば、いろいろかわいいところが出てきます。それをほめてあげてください。こんなにカンタンでお客さんを喜ばすポイントはないですよ。

　最近ではオシャレな子どもも増えてきました。子どもをオシャレにしているということは、子どもをよりかわいく見せたいという思いからですよ。
　だったら、接客業しているあなたはそのことをほめてあげないと。あなたが子ども好きとか、子ども嫌いとかは関係ないですよ。だって、あなたのミッションはお客さんを楽しませたり、喜ばせたりすることなのですから。

さあ、今日から
お子さんをよく観察してどんどんほめるぞー！

実行したら折る

Wed.

09

今日は、お客さんの自尊心をくすぐってみる

自分の知識をひけらかしたい人っていますよね。知ってることをアピールしたり、妙に詳しく説明したがる人。そこまで極端じゃなくても、知ってることになると饒舌《じょうぜつ》になってしまうのは、誰にでもよくあることかもしれません。

そういうお客さんがいたら、熱心に聞いてリアクションしてあげることが大切なんです。

「えー！　そうなんですか！　知らなかったあ～」

「すごいですねー！　よくご存知ですよねー」

……というような感じでね。

なかには知ったかぶりをして、間違ったことを言ってる人もいるでしょう。商品については、もちろんあなたのほうが知識を持っているでしょうしね。でも、それを正してはい

できたら色を塗る

けませんよ。聞き上手になって、お客さんを乗せてあげることが大切なんです。

自分の知識をひけらかすというのは、自尊心が高い人です。否定されたりするのを極端に嫌がります。それよりも、その自尊心をうまく『くすぐる』のが効果的なんです。

たとえば、「今年はこういうのが流行ってるよね」なんて得意げに話してきたお客さんがいたとしましょう。それが的外れな内容だったとしても、よく聞いて感心してあげてください。そして「流行に敏感ですね〜。じゃあお客さんくらいオシャレさんなら、これも着こなせちゃうんじゃないでしょうか！」と商品を薦めてみたり、「今年はこういったピンクが流行るっていうのもご存知ですよねー」とピンクのネクタイを薦めたり、とかね。

自尊心をちょこっとくすぐって、商品を薦めるのです。そうすると、お客さんは喜んで買ってくれるようになりますよ。

商品知識をひけらかすような人でない場合も、自尊心をくすぐっていい気持ちにさせる方法はあります。

たとえば、いかにもエリートっぽい人や仕事がデキそうな人（携帯で仕事の指示を出していたり、見た目が管理職っぽかったり）には、ちょっとした仕事の相談を持ちかけてみたりとかするのです。

また、高級外車で乗りつけてきた人には、「すごいですねえ。やっぱりあれってほかの車と比べて、乗り心地は違うんですか？」と聞いて、自慢させてあげるとかね。

その人の持っている知識を察知し、それをちょっと引き出すような質問を投げかけてください。喜んで答えてくれますから。

お客さんをうまく乗せて自尊心をくすぐってあげれば、その人は気持ちよくなれます。そして気持ちよくなったお客さんは、いつもよりたくさん買ってくれるでしょう。さらに、自分を気持ちよくさせてくれるあなたのお店を常に選んでくれることになるのです。

さあ、今日から
お客さんの自尊心をくすぐるような
会話をしてみるぞー！

今日は、自分のイライラ、嫌なことを店内に持ち込まない

お店の内側で起こっている嫌なことを、店内には絶対持ち込まないようにしてください。

周りの人間関係がうまくいっていない、自分の関係ないところで店長（上司）に怒られた、怒られたことに納得していない、シフトがうまくまわっていない、遅番が全然やることやっていない、店長が全然働かない、店長のやり方に納得できない、スタッフが育たない、人手が足りない、やるべき仕事が多すぎる、本部が何も知らないくせにうるさい、給料が安い、がんばっても昇給しない……。

そりゃ、働いていればいろいろあるでしょう。悔しいことだって、辛いことだって、どうしても納得できないことだってありますよ。

だからって、自分が頭にきていること、納得していないことを周りに見せるかのように、

ムッとした表情で働くとか……、いかにもやる気なさそうに働くとか……。

そういうことはやめましょうよ！　これって一番最悪なことですよ。

こんな店員に接客してもらったお客さんって、すごく嫌な気分になっちゃいますよね。もしくは接客しなくたって、その店員を見るだけで気分を害してしまうに違いありません。

あなたのお店のうまくいっていない内情なんて、お客さんにはまったく関係ないんですよ。せっかく多くのお店があるなかで、あなたのお店を選んで来てくれてるんです。それにもかかわらず、嫌な気分にさせてしまうことほど最悪なことはないですよ。

もしかしたら、今来ているカップル客は何かの記念日をお祝いするために来ているのかもしれません。もしかしたら忙しい合間に、どうにか時間を作って逢っているのかもしれません。もしかしたら待ちに待った初デート中かもしれません。

だったら、あなたは店員としてそのカップル客を楽しませたり、喜ばせたりする義務があるのです。それにもかかわらず嫌な気分にさせてどうするのでしょうか！

これだけ失礼なことはないですよね。

どんなに嫌なことがあっても、フロア（店内）には絶対持ち込まないでください。

どうしてもそれができないのなら、あなたは接客業を辞めるべきです。また、そんなスタッフがいるのなら辞めさせるべきです。繰り返しますが、これだけお客さんに対して失礼なことはないのですから。

あなたが店長であろうが、社員であろうが、アルバイトであろうが、パートであろうが、お金をもらって働いている以上プロとしてやっているわけです。

だから、**どんなに嫌なことがあっても、フロアに出たら笑顔でお客さんに接し、楽しませてください。**

月曜日
火曜日
水曜日
木曜日
金曜日
土曜日
日曜日

また、これはお店の内側の問題だけでなく、あなた自身の個人的な問題の場合も同じですよ。

昨日全然寝ていないからって眠そうに働くとか、最近彼にフラれたからっていかにも寂しそうに働くとかね。

だいたい、寝ていないのでしたら最初にみんなに伝えるのではなくて、一生懸命働いた後帰り際に、「オレ、実は昨日1時間しか寝てないんだよな」って言ったほうが断然カッコイイです。周りのみんなは、寝ていないとは思えなかったほどの元気で一生懸命なあなたの仕事振りを感じ、驚き、尊敬するのです。

さあ、今日から
どんなに嫌なことがあっても、
フロアには決して
持ち込まないようにするぞー！

木曜日

できた項目に ✓ をいれよう。

- □ 01 今日は、「魔法のセリフ」を言ってみる
- □ 02 今日は、バックを持っている反対側から声をかける
- □ 03 今日は、写真をうまく使ってみる
- □ 04 今日は、上司を尊敬してみる
- □ 05 今日は、POPで故障や欠品の原因をしっかりお知らせする
- □ 06 今日は、お客さんに「売り込み」をしてみる
- □ 07 今日は、絶対に悪口を言わない
- □ 08 今日は、店内、施設の電球の切れがないかチェックしてみる
- □ 09 今日は、第三者をうまく使って伝えてみる
- □ 10 今日は、ネガティブな言葉を言わない

実行したら折る

Thu.

01

今日は、「魔法のセリフ」を言ってみる

実はお客さんをトリコにするカンタンな言い回しがあります。

私はよくこれを使っているのですが、「魔法のセリフ」と呼んでいます。

使ってみるとわかりますが効果も大きいんです。次のような感じで使えばいいので、非常にカンタンです。

たとえば、お客さんを見てお洒落だと思ったら、少し話したあとに……

「でも、本当にお洒落ですよねー！」

とほめればいいだけです。もしお客さんの名前がわかっているんだったら、「でも、森下さんは本当にお洒落な方ですよねー！」って感じでね。

できたら色を塗る

「でも、本当に○○ですよねー！」

「でも、××さんは本当に○○な方ですよねー！」（名前がわかっている場合）

と言うだけです。カンタンでしょ？　すぐ使えますよね？

文章的に考えたら、「でも」という接続詞はおかしいです。ところが、相手をほめる際には否定語の「でも」を頭につけることで、その言葉の印象を強めてくれます。さらに、「本当に」を付け足すことで、真実味を出してくれるのです。

ただ単に「お洒落ですよねー！」と言われるよりも、「本当にお洒落ですよねー！」のほうが言われてうれしいですよね？　さらにもうひとつ、「本当にお洒落ですよねー！」よりも「でも、本当にお洒落ですよねー！」のほうが断然真実味がありますよね？

好感が持てたお客さんなら「でも、本当に感じのいい方ですよねー！」とか、素早く決めていただいたお客さんなら「でも、本当に気持ちのいいくらい素早く決められますよねー！」とか、きれいな方でしたら「でも、本当にほれぼれしちゃうくらいきれいですよねー！」とか、お子さんがかわいければ「でも、本当にお子さんかわいいですよねー！」といったように使えばいいわけです。

これはメールにだって活用できますよ。

たとえば、社内の飲み会のあとのお礼のメールに「昨日はありがとうございました。とても楽しかったです」、このあとに「でも、本当に○○さんのお話はタメになりますよねー!」とか「でも、本当に○○さんは気持ちのいいくらいよく気づきますよねー!」とか「でも、○○さんは本当に仕事のデキル方ですよねー!」とか付け加えればいいのです。

これだけで、次に会うときの相手からの印象は全然違ってきますよ。相手の方はうれしくて、そのメールを何度も見ちゃうかもしれません(笑)。

でも、松本さんは本当にお洒落な方ですよねー!
そうですかー
うれしい…

実際に私は接客、上司部下との関係、その他の人間関係やメールにもよく使っています。教えちゃうのはちょっともったいないかなーと思うくらい、聞いてしまうと簡単なのですが、**かなりパワフルなセリフなのです。**

私のことを知っている人から見れば、「あっ！　そうだったのか!!」と思うかもしれませんね（笑）。

ぜひ、一度騙されたと思って使ってみてくださいね。あまりの効果に驚いちゃいますよ。

さあ、今日から
お客さんと少し話したあとに
「でも、本当に〇〇ですよねー！」
と伝えてみるぞー！

Thu.

02

今日は、バックを持っている反対側から声をかける

漫才師でも立ち位置が変わると非常にやりづらくなるように、人間は左右によって得意な側と苦手な側があります。あなただって、彼や彼女や友人など、右に相手がいたほうが安心するとか、左に相手がいたほうが安心するとか、ってありますよね。

この安心するほうが、あなたの得意な側なんです。

ですから、**お客さんに声をかけたりするのは、その安心する側のほう、相手の得意な側から話しかけたほうがお客さんの印象はよくなるのです。**

今までは心理学でも、人間は知らず知らずのうちに心臓を守っているので、相手の右側から声をかけたほうがいいとか右側に立ったほうがいいとか言われてきました。

私も今までそれを信じてやってきましたが、たまにしっくりこないことがありました。

それが、セラピストとして著名な石井裕之さんに「人間にはその人に応じて得意な側と苦手な側がある」ということを教えていただいたのです。

実際に試してみたら非常にしっくりきました。明らかに得意な側から話しかけたほうが話をよく聞いてくれます。

では、どちらが得意でどちらが苦手な側なのか、どこで見分ければよいのでしょうか？

一番わかりやすいのはバックの持ち位

置です。

バックを持っていないほうが得意な側なのです。

それは、バックを持つことによって無意識に自分の苦手な側、不安な側を守ろうとしているからです。

バックを左に持つ人は右が得意な側ですから、映画館などでも苦手な側を守るために左寄りに座る傾向があります。それとは逆に、バックを右側に持つ人は左が得意な側になるので、映画館などでも右寄りに座る傾向があります。

ということはバックを左に持つ人には右側から声をかけ、右に持つ人には左側から声をかけたほうが相手は安心するのです。これは立ち位置や座る位置でも同じです。

また、斜め掛けにしたショルダーバックなどは、肩の掛け位置ではなく、どちら側にバッグがきているかで見てください。左の肩から右側にバックを掛けている人は、左が得意な側です。

だから、街でビラを配っている人やナンパをしている人は、バックを持っていない側から話しかけたほうが立ち止まってくれる率が多いということを知っているのです。

バックを持っていない場合でも、見分けるポイントはありますので安心してください。

それは、髪の分け目やその人の重心からなどです。右が得意な側の人は、右に分け目（右のおでこが出ている）があることが多く、左重心の傾向があります。左が得意な側の人はこのまったく逆です

さあ、今日から
お客さんのバックを持っている
反対側から声をかけるぞー！

Thu.

03

今日は、写真をうまく使ってみる

写真はうまく使えば、非常にパワフルな営業、接客、販売ツールになります。

たとえば、「ウチのＵＦＯキャッチャーはカンタンにＧＥＴできますよ！」と告知しても信憑性はありませんよね？

しかし、そこにお客さんがＧＥＴしたときの写真が所狭しとたくさん貼ってあればどうでしょうか？

ＧＥＴできるような気がしますよね？

奥様が多数ＧＥＴしている写真を貼れば、いかにもカンタンに取れそうな感じがします。

そのうえで、「当店のＵＦＯキャッチャーは奥様設定です！」と告知すれば信憑性も上がるのです。

　また、お客さんの笑顔の写真が店内のいたるところに貼ってあることによって、それだけで店内が明るくなった感じもします。

　これはイベント告知でも同じですよ。イベント名や日時、内容だけの告知をするよりも、前回開催したときのお客さんが楽しんでいる様子や、人が多く集まっている様子の写真を見せれば、お客さんも積極的かつ気軽に参加しやすくなるのです。

　どこでもよく行うイベントでビンゴ大会なんてのがあります。でも、よく見か

ける「ビンゴ大会の告知」は非常にもったいないものばかりです。たいていが、タイトルと日時、あとはいくつかの賞品や参加方法しか書いていないのです。

私だったら、これに前回開催したときの写真を入れます。たとえば、子どもに多く参加してもらいたいのなら、子どもが賞品をGETして笑顔ではじけている写真や、子どもたちが楽しそうにビンゴカードの穴を開けている写真、たくさんの子どもたちが集まっているふうな写真（実際、集まっていなくても写真の角度によっては集まっている感じにも見せられます）を多数入れますね。これだけで、子どもたちが参加したら楽しそうという感じがしてくるのです。

私はボウリング施設の店長時代、異性の出逢いのパーティーを毎月開催していました（ボウリングやゲームとは全然関係ないのですが……（笑））。

当初はお客さんを勧誘してもあまり集まらなかったのですが、参加者が楽しそうにしている写真や多くの人が参加している写真、気軽に参加できそうな写真、カップルになったときの喜びの写真を入れて告知したところ、急に参加者が集まるようになりました。

アパレルのショップを例に挙げると、お店やブランドイチオシのジャケットがあったとします。このジャケットのウリは、着回しができることだとしたら、いろいろなスタイルに合わせた写真を撮り、それを貼ったり、もしくは接客のときに見せれば、お客さんも自分が着たときのイメージがつかみやすくなりますよ。

このように、写真は非常に使えるツールなのです。

さあ、今日から写真をどんどん接客ツールに使うぞー！

実行したら折る

Thu.

04

今日は、上司を尊敬してみる

あなたは、自分の上司を尊敬していますか？

尊敬していれば、何も問題はありません。

尊敬していない場合には、今日1日とりあえず尊敬してみましょう。

今まで上司が発する嫌だった言葉が、急にスッと受け入れられるようになりますよ。

頭ごなしに叱ってくる上司がいるかもしれません。でも、本当はその上司だってあなたを叱りたくないのかもしれませんよ。勇気を振り絞って注意することで、あなたを教育してくれているんだと思うようにすれば、受け入れ方も変わってきませんか？

そもそも、そんなに立派な人はいません。相手も人間なんですから、いいところもあれば、悪いところもあります。言っていることが昨日と違っていることだってあるでしょ

できたら色を塗る

う。でも、悪いところばかりに目を向けるのではなく、いいところを見るようにしてみてください。そして、**その人の弱さも理解してあげましょうよ。** その弱さも踏まえてあなたが尊敬の念を示せば、上司もあなたに対して好感を持ってくれるようになります。周りから尊敬されるのは誰だってうれしいのですから。

また、上司に嫌われているんだよねー……なんて感じている人もいるかと思います。

そもそも、あなたはなんで嫌われているのでしょうか？

大半の理由は、あなたがその上司に嫌われていると思い込んでいるからです。相手はそれを感じると、次第に同じような感情

を抱きます。人は「自分のことをあまりよく思っていないんだな」と感じると、その相手との距離をつくってしまうんです。それが立場的に上の人間だとなおさらです。歩み寄ろうとするよりも、距離を置くほうが簡単だし楽ですからね。

だから、あなたに対して冷たい態度をとってくるのです。

嫌われているという誤った思い込みは捨てるようにしてみましょう。その思い込みは、相手の気持ちをも変えてしまう、恐ろしい感情なのですから。

もちろん、陰での悪口もね。

さあ、今日から上司のいいところを少しでも見つけて、尊敬するぞー！

Thu.

05

今日は、POPで故障や欠品の原因をしっかりお知らせする

私は昔ナムコのロケーション（ゲームセンターなどのアミューズメント施設のこと）で働いていたこともあって、今でもたまにゲームセンターをのぞくことがあります。

そのときに「調整中」というPOPが無造作に貼られたゲーム機を見ると、ガッカリしてしまいます（本当こういうお店多いのですが……）。

確かに、そのお店にとっては数百台あるうちの1台かもしれません。けれど、お客さんにとっては必ず遊ぶ3台のゲーム機のうちの1台かもしれないのです。

「なぜ遊べない状態なのか？」「いつ遊べるようになるのか？」と、知りたいと思うのは当然ですよね。それなのにたった一言、「調整中」としか表示しないなんて……。お客

さんのことを考えているとは到底言えません。

しかも、お客さんというのは一回来て「調整中」というPOPを見て、また次に来たとき、同じように「調整中」のPOPが貼ってあると、「ここはいつ来ても壊れている！」というように感じてしまうものです。

それは、次に来た日がたとえ翌日であったとしてもです。

ゲームセンターでゲーム機が故障してしまうのは、残念ながらよく起こります。

修理をして、なんとか動かそうと試みても、その場では直らないことも多いです。部品を発注しなくてはならなかったり、メーカーに修理を依頼しなくてはならなかったり……。もしそういう状況になってしまったら、ゲーム機を止める場合に、何が原因なのか？いつ直る予定なのか？　ちゃんとわかる限りお知らせすることにしましょう。

たとえば、「残念ながら◯◯が不良になってしまいました。いつも遊んでいらっしゃる方、大変申し訳ありません。”部品を只今取り寄せ中“で、10日（水）頃に到着する予定です」と表示されていれば、お客さんは「じゃあまたそのころ遊びに来よう」と感じるかもしれません。

さらにこのＰＯＰに店長やメカニック担当の平謝りしている写真がついているとなおのこと印象がいいですよ。

そして、これはゲームセンターに限った話ではありません。

商品がなくなってしまったとき、単に「売切れ」「在庫なし」なんて表示していませんか？　入荷する予定はあるのか？　もしあるのならいつ入荷する予定なのか？　できるだけ詳しく調べてお知らせするように心がけましょう。

さあ、今日はお店のＰＯＰがお客さんのニーズにどこまで応えられているか確認して、応えられていなければ作り直すぞー！

実行したら折る

Thu.
06

今日は、お客さんに「売り込み」をしてみる

お客さんに対して、肝心のところでまったく売り込まない人がいます。

確かに基本は売り込まないのがいいです。お客さん自身で決めてもらうのが一番です。

でも、あなたがお客さんのために一生懸命接客した、説明した、そして、あなたはその商品をお客さんのためにいいと思う、買うべきだと思っている。**なら、ちゃんと売り込まないと！**「どうぞ買ってください。間違いありませんから」と自信を持って売り込んだほうがいいのです。

遠慮してる場合ではありませんよ。お客さんは、売り込みを待っているかもしれません。

それは、ＧＯサインを出すきっかけがほしいときがあるからです。

できたら色を塗る

たとえば、ある男性のお客さんがコットンジャケットを買ったとします。そのジャケットは差し色でピンクのニットを合わせると非常にオシャレに見えるものです。ピンク色のシャツや小物を日頃から身につけている人は、あなたがちょっと薦めれば、ニットも合わせて買うでしょう。でも男性ですから、ピンク色のニットなんて今まで着たことがないと、恥ずかしくて着ることに抵抗を感じる場合があります。

どんなに店員さんが言っていることを理解しても、試着してよかったとしても……どーしても一歩踏み出せないで悩んでしまいます。

そんなときは、お客さんが「買いましょう」と言うのを待つのではなく、「どうぞここは私を信じて買ってください。絶対にお似合いです。そのニットを着るだけでオシャレに見えます。間違いありませんよ」と自信を持って薦めてあげてください。そうすれば、お客さんも「あなたがそこまで薦めてくれるのなら」と自信を持って買うことができます。

こんなこともありました。

福岡に私の大好きな回転寿司のお店があります。そこは一皿１００円のお店なんですね。でも１００円とは思えないほど、非常にネタがいいし、うまい！　ですから、私は福

月曜日
火曜日
水曜日
木曜日
金曜日
土曜日
日曜日

岡に住んでいる友人に勧めまくっていました。しかし、友人に何度説明しても「100円の回転寿司だろう。学生じゃないんだから」と、ちょっとバカにしているところもあり、なかなか行こうとはしません。そこで、私が福岡へ行った際に「マジでうまいから、行こう！」と、その友人を連れていったのです。「えーっ」と友人はあまり乗り気がしていなかったようですが、「そこまで言うのなら」とついてきました。

しかしお店に行ったら、もうおかしくなるくらい「おいしい！」「おいしい！」と言ってムシャクシャ食べるんです。そして、私が連れていったことに大変感謝してくれました。「こんなおいしいならも

っと早く来ればよかった」と後悔するほどにね。それからというもの、その友人は週に一回は必ず行っているそうです。その回転寿司屋が大好きになってしまったのです。

このように、あなたがどんなに一生懸命説明しても、お客さんが「その商品のよさに気づいていない」「買ったことのない商品なので勇気がいる」という場合にはなかなか決断することはできません。待っていたら一生買わないかもしれません。

でも「お客さんには絶対必要だと思っている」「きっと気にいってもらえる自信がある」「最後には喜んでもらえる確信がある」んだったら、積極的に自信を持って売り込むべきです。

さあ、今日からちゃんと一生懸命接客をしたのならば自信を持って売り込みをするぞー！

実行したら折る

Thu.

07

今日は、絶対に悪口を言わない

お客さんの悪口を言わない。これは当然です。

あなただって、馴染みにしているお店もしくは好きなお店で、あなたが帰ったあとにスタッフがあなたのことを悪く言っていたのを知ったらすごく嫌な気分になりますよね。

スタッフ同士でお客さんの悪口を言っていると、話題にしたお客さんが来たときに、どうしてもちょっと変な態度や雰囲気が自分ではわからなくても出てしまうものです。

また、ほかのスタッフがちょっとバカにしたように笑う、なんてことにもなってしまうかもしれません。そうなると、お客さんはなんとなく気づいてしまいます。あなたが悪口を言っているせいで、あなたのお店にわざわざ来てくれるお客さんが嫌な気分になる。これって最悪ですよね？

できたら色を塗る

だったら、ちょっとしたことでも悪口やお客さんをバカにするような発言はやめましょうよ。

これはお客さんに対してだけではありません。仕事仲間の悪口も言わないようにしましょう。お互いが気持ちよく働くためのマナーでもあります。共に働く仲間だからこそ、言いたいこと・注意したいことはたくさん出てくるでしょう。これは当然です。

カウンターで話し込まないでほしい。あの人は掃除を全然しない。休憩時間を守ってほしい。お客さんにもっと笑顔で接してほしい。遅番のときにはちゃんと

後片づけをしてほしい……とか。それを**本人にちゃんと伝えること**が大切です。

それが、仕事をしている大人のルールなのです。あなたが正社員であろうがなかろうが、アルバイトの学生だろうが、そんなことは関係ありません。それに、言いたいことを我慢していると、どんどんその人のことも嫌いになってしまいます。

また、どうしても自分が上司や部下、同僚を嫌いになると、「その人の悪いところ」をほかの人に広めてしまったりすることがあります。こんなことしたって、それはなんの利益も生み出しません。それより、職場の人間関係がどんどん悪くなってしまうだけです。そうなると、あなただってその人間関係が嫌になり、「今日お店に行きたくない」などと思ってしまうようになるのです。


悪口って、陰で言ってるつもりでも最終的には本人に伝わります。


そして、それは変な心理ゲームを巻き起こしてしまうのです。

気づいたときにはもう遅く、関係が修復不可能になっていたり、職場の人間関係が非常に悪くなっていたりします。それにあなただって、悪口を言ったあとってあまりいい気分がしないのではないでしょうか？　言いすぎちゃったと思ったり、「自分」がなんかイヤだなーって感じたり。だったらもう悪口を言うのは今日で卒業しましょうよ！

さあ、今日から
お客さんや上司や部下、同僚の
悪口を言うのを絶対やめるぞー！

Thu.

08

今日は、店内、施設の電球の切れがないかチェックしてみる

初めて東京ディズニーランドへ行ったとき、エレクトリカルパレードを観て、私はメチャメチャ感動してしまいました！　パレードが素晴らしかったのはもちろんですが、もうひとつビックリしたことがあったんです。

次々に登場するきらびやかな電飾車についている、おそらく何万・何十万というたくさんの電球が、ひとつも切れていなかったのです。すごいですよねー。本当に、ただのひとつも切れることなく、キラキラと光っていたんですよ！　ここまで手入れを徹底しているからこそ、あのすばらしいパレードを演出できているんだよなーと感じました。

すべての電球が完全に光っているから、最高の輝きを出せている。これは、パレードを見ているゲスト（お客さん）に対する「おもてなし」精神の表れです。きっと、点検作業

に相当な時間をかけているのでしょう。手を抜くことのない姿勢が、とても大切です。

あなたのお店の蛍光灯・電球・スポット球・看板、すべてをチェックしてください。切れている電球はありませんか？　よく見ると結構目立つところが切れたりしていませんか？　電球なんてひとつぐらい切れてても平気だよ、なんて考えはもう捨てましょうね。特にアミューズメント施設で、ゲーム機やスロットマシンなど光るところが光らない状態にもかかわらず、お客さんからお金を頂いていること自体失礼極まりないですよ。

また、電球・蛍光灯のW（ワット）数や色を変えてみるのも、効果的です。これだけで、ディスプレイしている商品がよりきれいに見えるようになります。

さあ、今日から
店内や施設、看板まで、電球が切れていないか、
暗くないか、こまめにチェックするぞー！

実行したら折る

Thu.

09

今日は、第三者をうまく使って伝えてみる

これはつまり、**『相手を評価してよく言う場合、面と向かって言うよりも第三者を通じて伝えたほうが、より喜ばれ信憑性が出てくる』**ということです。

たとえば、上司から直接ほめられたとしたら、それはそれで素直にうれしいですよね。

でも、もし第三者（同僚やほかの上司など）から、「店長がお前のこと、『あいつスゲー』ってほめてたぞ！」と聞いたとしたらどうでしょうか？

そのほうがよりうれしさを感じますよね？

自分がいないところで、上司が自分のことを、しかも他人の前でほめてくれたということがうれしさを倍増させます。

できたら色を塗る

カップルの場合でもそうですよ。たとえば、最近ケンカがちであまり仲がよくない……そんなときは第三者である友達も入れて食事に行くといいです。そしてあなたがトイレに行っている間に友達が、「いつもあいつの話って、○○ちゃんのことばっかりなんだよなー。相当、○○ちゃんのこと好きだと思うぜ！　あーでも、本当に好きだから、なんか素直になれない自分がいるって悩んでいたなー」なーんて話せば、彼女はメッチャ喜びますよ。おそらく、平然を装っていても口元は緩んでいるはず。これをきっかけに、2人の仲は間違いなくいい方向へ戻っていくでしょう。

それだけ、**第三者の言葉は効くのです。**

直接聞くよりも、より信憑性が増すんですね。
この手法を、お客さんにも使ってみましょう。第三者を通じて、物事を伝えるのです。
あなたがアパレル系のショップに勤めているとします。お客さんが来たときに担当者であるあなたがたまたま休みだった。そうしたら、ほかのスタッフが「いつもありがとうございます。担当の森下は本日、お休みなんですよー。申し訳ありません。たぶん、今日○○さんがいらしたって聞いたら残念がるかと思います。森下はとても○○さんに好感を持っているみたいですからね」って伝えるとかね。

私はよく、そういうことをスタッフにあえて言わせていました。

リッチでエリートっぽいお客さんがいたら、私が休みのときに、「あっそういえば、店長がよく『○○さんみたいに、成功したい』っていつも言っていますよ」って言わせたり。

また、よくお子さんと来られるお客さんには、「自分が親になったら、○○さんみたいになりたい」って言っていたとか。ボウリング大会によく参加してくれるお客さんには、「今度の大会も○○さんが出ないと、燃えない」って言っていた、とかね。そのお客さんなんて、これを聞いたら、早く仕事を片づけてその大会に来てくれるようになりましたから（笑）。

第三者を使って相手に伝えるためには、このようにあえて頼んで言ってもらうのもひとつの方法です。でもそれよりも、**普段から第三者（周りの人）にもどんどん話して（ほめて）いけば、自然と相手にも伝わっていきます。**

お客さんのいいところや、うらやましいと感じたことがあったら、周りの人間にもどんどんどんそのことを伝えていきましょう。

また、同僚に感謝しているんだけど面と向かっては言えない、なんて場合にも効果的ですよ。「あいつのおかげで本当助かっている。あいつには、スゲー感謝しているんだよなー」とほかの同僚にほめるのです。次第にそれが本人にも伝わり、あなたの感謝している気持ちが伝わるでしょう。

さあ、今日からは
お客さんや同僚へのほめ言葉を、
第三者を使ってうまく伝えるぞー！

実行したら折る

Thu.

10

今日は、ネガティブな言葉を言わない

有名な靴のセールスマンの逸話を紹介します。

アメリカ人のセールスマンAとBの二人が、ある未開の地に市場開拓の目的で行きました。二人の調査した内容はまったく一緒でしたが、本社への報告はまったく違っていたのです。

A「次の便で帰る。現地人はみなハダシ。靴の売れる見込み全然なし」

B「すぐ靴を5万足送れ。現地人はみなハダシ。靴の売れる可能性無限大」

あなたはAとBどちらのタイプでしょうか?

比較して聞けば、どちらが望ましいかはわかるでしょう。

しかし、日頃ネガティブな会話ばかりしていると、間違いなくAのように考えてしまっ

できたら色を塗る

たり感じたりしてしまうのです。自分がAのように考えれば、Bの考えなんて気づくはずもありません。

世の中にはネガティブな言葉が溢れています。

「それは難しい」「私にはできない」「失敗したら大変だ」「前例がない」「こんな商品売れるワケがない」「ウチのお客さんには合わない」「店長が悪い」「やるだけ無駄だ」……。

あなたはこんな言葉を毎日のように口にしていませんか？

だいたいこんなネガティブな言葉を発していたら売れるものも売れないですし、あなたが本当はできることだってできなくなってしまいます。

また、お店で力のある人（店長や長年勤めているスタッフなど）がネガティブな言葉ばかりを口にしていると、周りのスタッフも同じようになっていきます。

不採算のお店に限って、ネガティブな言葉を多く発する傾向にあります。

たとえば、「木曜日の03」で紹介したような「UFOキャッチャーで景品をGETした人の写真を撮るといいですよ。実際やってみたお店の多くが売り上げを上げています」と伝えても、「ウチは地域性が違う」とか「客層が違う」とか「スタッフがそういうのをしたがる風土ではない」とか、そういうふうに言い出す。これは典型的なダメ店長の例です。

はっきり言います。**地域性なんて、客層なんてたいして関係ない。お客さんがおもしろいと思うこと、楽しいと思うことは、どこの場所に行ってもどの年代に対しても普遍なのです。**これは私の経験から自信を持って言えます。

たまに、「実際にウチのお店でもやってみたんですが、ウチのお店ではやはりうまくいかなかったんです」などと言い出す店長もいます。しかし、私がそのお店でやってみると、うまくいくんです。

そこで携わったスタッフに聞いてみたら、店長は次のように伝えているんです。

「本部からはこのように言われている。ウチのお店には合わないと思うんだけど、悪いけど一応やってみて」

これでは成功するわけがない！『ウチには合わない』が前提でやっているんですから。

また、ネガティブな人が本部（本社）にいたら、お店の人との交流を絶対にさせちゃいけません。終わりますよ……。実はこういう会社、結構あります。

私の前の会社にももちろんいました。そういった人が、新制度導入とかいって、全国各エリアの店長会へ「説明」しに来ることがよくあるんです。

会社の方針を、会社の代表として説明しに来ているにもかかわらず、ときたまその制度に対して自分が納得いっていないような顔をしたりするんです。そういう人に限って、休憩時間や一緒にランチを食べにいったとき、本社の悪口を平然と言ったりするんです。

会社としての方針を伝えるために来ているのに、それを聞いたお店の人のモチベーションは下がるばかりです。こういった人と話をすると本当にやる気がなくなりますし、本社に対して強い不信感を抱くようになってしまうのです。ですから、私はなるべくこういった人から離れるようにしていました。あなたも付き合ってはいけませんよ。

ちなみに、こういった人はどんな会社に勤めても同じような会話をしますからね。本社が悪いとか悪くないとか関係なしにです。

こういったネガティブな人を、本社とお店のパイプ役に置いておくとお店が衰退するのがわかっていないのですよねー。**あまり知られていませんが、本社とお店とのミゾはこういった人が無意識ですけど、積極的に作っているケースが多いのです。**

もう一度、お聞きします。あなたは日頃ネガティブな言葉を発していませんか？

これは仕事だけでなく、あなたの人生にも大きく左右します。

「私にはできない」ではなく、「少しでも私ができるためにはどうしたらいいか？　きっと少しずつやっていけば、できるようになるに違いない！」と考えましょう。こう思うか思わないかで人生が大きく違ってきますからね。

さあ、今日から
ネガティブな言葉にさよならして
「どうしたらできるようになるのか？」
肯定的に考えるぞー！

金曜日

できた項目に ✓ をいれよう。

□ 01 今日は、徹底的にカウンターをキレイにしてみる

□ 02 今日は、お客さんの持ち物を大切にしてみる

□ 03 今日は、アフターフォローをしっかり伝える

□ 04 今日は、お客さんがお店の商品を身につけていたらお礼を言う

□ 05 今日は、しっかりと告知する

□ 06 今日は、イベントやサービス内容をちゃんと把握してみる

□ 07 今日は、やっているイベントを徹底的にアピールしてみる

□ 08 今日は、どんどんできる人を「真似て」みる

□ 09 今日は、周りのスタッフをちゃんと注意してみる

Fri.

01

今日は、徹底的にカウンターをキレイにしてみる

あなたはのお店のカウンター（フロント）はきれいでしょうか？

お客さんから見えるところに不要なものは置いていないでしょうか？

先日、あるアパレルショップで買い物をしたのですが、お店の店員さんはみなさんとてもいい感じだったんです。しかし、カウンターで会計をしていたら従業員連絡ノートがカウンターの端のほうに置いてあって、マジックで「絶対読め！」とか書いてあるんです。

さらに、カウンターの裏にはお客さんに見えないように訓示が貼ってありました。紙の端がカールしていたので見えてしまったのですが、そこには「もう1点運動！　お客様にもう1点絶対にススメルこと！」なんて書いてあるんです。もうこれだけで、私はそのお

店にドンビキしてしまいましたよ。

店員は店員の目でしか見ないから気づかないことがたくさん出てきてしまいます。

でも、お客さんから見たらよく気づくのです。

あなたのお店は大丈夫でしょうか？

ペン立ての下がほこりだらけとか、ハサミなどが雑然と放置されているとか、セロテープの跡がベタベタついているとか、ちょっと黒ずんでいる部分があるとか。または、本部からのＦＡＸやシフト表、連絡ノート、お客さんには関係ない今月の目標、お客さんの住所録などが置かれているとか。

結構こういうお店あるんですよねー。カウンターに物を置いておけば、作業もしやすいし便利だし、スタッフも集まる場所だから、連絡事項を書いておくのにちょうどいいっていうのもわかりますけどね。

でも見た目は最悪です！

店内や施設の中にはこういった自分たちが放置してしまっている場所がたくさんあるはずです。なぜかそんなところにお客さんの目はいってしまうものです。

さあ、今日から
お客さんの目になって、
まずはカウンターから徹底的に
キレイにするぞー！

Fri.

02

今日は、お客さんの持ち物を大切にしてみる

あなたはお客さんの持ち物を大切にしていますか？

以前、ある有名な美容院に行ったときのことです。冬だったので、私はジャケットの上にコートを着ていました。フロントで「お荷物お預かりいたします」と言われたので、コートを脱いで渡したんですね。そうしたら、そのスタッフは肩がない細っーいハンガーにコートを掛けたんですよ。「嫌だなー」と思ったんですが、「まあ仕方ないか」と思い、今度はジャケットを渡しました。そしたら、そのスタッフはなんと！　そのコートの上にジャケットをかぶせたんですね。服好きで服を大切にする私としては、細っーいハンガーも気になりましたが、コートの上にジャケットを掛けるのは絶対許せなかったですね。型崩れしちゃうじゃないですか。しかもちゃんと整えてくれていないんですよ!!　さらに、キ

ツキツのクローゼットに入れる……私は唖然としてしまいました。

「別々に掛けてくれればいいのに！　最低でもジャケットの上にコートを掛けるよなー」と私はすごく嫌な気分になってしまいました。だってジャケットは肩が命ですからね。しかもそのとき、すごく気にいっている高価なジャケットを着ていたので、気になって、ゆっくりカットしてもらうどころではありませんでした。

なんか文句言うのも「嫌な客」みたいで気兼ねしましたし、結局文句のひとつも言えずにそのままでした。美容師の腕や接客態度はよかったんですけど、二度とその店には行かないと思いましたね。確かに預かった荷物を保管する場所がないのもわかりますけど、それはあくまでもお店側の都合です。預かるなら預かるできちんと丁寧に扱わないと、お店に来ていることを楽しめなくなってしまいますよ。

お客さんを大切にするのと同様に、持ち物も大切に扱うのはあたりまえです。

お客さんの持ち物を丁寧に扱うことで、お客さんは大切にされていることを実感します。逆に持ち物を大切に扱わないと、お客さんは大切にされていないと感じてしまいます。

よくアパレルショップでも「お荷物お預かりいたしましょうか？」などと言って預かる

くせに、平気でカウンターの後ろの床に置くスタッフがいますが、こんなのもダメです。

また、グループ全員の上着を、ひとつのハンガーに掛けるレストランや居酒屋なども見かけますが、こんなのもいい気分はしません。

お客さんの持ち物は、どんなに汚れていたとしてもその人にとってとても大事なものかもしれません。ですから、見た目は関係なく大切に大切に扱いましょう。

さあ、今日から
お客さんを大切にする以上に
お客さんからお預かりした荷物を
大切にするぞー！

実行したら折る

Fri.

03

今日は、アフターフォローをしっかり伝える

あなたは買っていただいた商品やサービスのアフターフォローを、お客さんにしっかり伝えているでしょうか？

あなたが本当に商品を大切にしていて、お客さんにもそれを末永く大切にしてもらいたい……という気持ちを持っているのなら、お客さんにアフターフォローをしっかり伝えるべきです。

私は大の買い物好きで、洋服を見ること買うことが一番の趣味です。しかし、残念なことにアフターフォローをしっかりと教えてくれるお店はありません。

たとえば、グレーのウールパンツ（スラックス）を購入したとき、とりあえずいくつかの質問が私の頭の中をよぎります。

できたら色を塗る

・クリーニングにはどう出したらいいの？
・日頃のお手入れはどうすればいいの？
・はくときはどこに注意すればいいの？
・シミが付いたらどうすればいいの？
・アイロンはどうかければいいの？

このように、本当はお客さんに伝えなければならないことがいろいろあるはずです。

実はクリーニングはあまりよくないとか、クリーニングに出す場合はデラックス仕上げがいいとか、はいたあとはブラッシングをすることによって長持ちするとか、連続の着用は傷みやすくなるので最低でも中二日は空けたほうがいいとか、股がシワになりやすくシワになるとだらしなく見える、だからここにアイロンのスチームをあてるか霧吹きで軽く水をあててからハンガーに掛けておく……などなど意外と知らないことが多いものです。

もしかしたらお店側の人間であるあなたにはあたりまえの知識でも、お客さんにとっては今まで知らなかった貴重な情報だったりするのです。

しかも、丁寧にアフターフォローを教えてあげれば、それだけでその店員のことを信頼してくれるようになりますし、その店員とお店がどれだけ

扱っている商品を大切にしているのかが、お客さんにもわかるようになります。

だから、今日はお客さんにアフターフォローまでしっかり伝えましょう。

アフターフォローを伝えるだけで、お客さんの再来店率はグンと上がりますよ。

だって、丁寧にアフターフォローを教えてくれるお店なんてほとんどないのですから。

そのためにはあなたも知識を得なくてはいけません。しいてはそれがあなたの勉強にもなります。

さあ、今日から
お客さんに商品のアフターフォローの部分まで
しっかり伝えるぞー！

Fri.

04

今日は、お客さんがお店の商品を身につけていたらお礼を言う

あるブランドのお店に、そのブランドの昨シーズンの服を着ていったときのことです。私を見て、店員が気づいたのか「いつもありがとうございます。よくお似合いですね！」と言ってくれたのです。私がいつも行っているそのブランドの店舗は渋谷店で、今回は違う店舗でした。だから、私のことを知っている人はいないはずですので、とてもうれしかった！　それに、昨年のジャケットやパンツでもちゃんと気づき、声をかけてきてくれた店員さんに感動しました。

私はよく思うのですが……

なんで、そこのお店の服を着て、バックを持って、お客さんが店舗に来ているのに店員はお礼の言葉をかけないんだろう？　って。

たとえば、「いつもありがとうございます！」とか「いつも大切に着てくださってありがとうございます！」とかでいいのです。

この一言を言われるだけでお客さんは相当うれしいと思います。

そのお店で買った服を、次回お店に行くときに着ていくような人は……もちろんたまたまもあるでしょうが、その服を気にいっていたりそれに気づいてもらいたい人なのです。私なんかそうで、そのお店に行くことがわかっていたら、そのブランドの服を着ていったりします。だから、気づいてほしい。「いつもありがとうございます。そのジャケット、私も持っていてすごくお気にいりなんですよー。昨日も着ていまし

た（笑）。ジーンズによく合いますよねー」なんて言われたら、私はその店員に相当好感を持ってしまいます。

気づいていたとしてもそのことに触れない（話題にしない）のは、まったく意味がありません。お客さんはガッカリするかもしれませんよ。せっかく着ているのに、気づいてもらえなかった、と。

また、**気づいていることは言葉に出さないと人には伝わりませんよ。**

もちろん、そのためには気づくことがまず大切。自店の商品のこともいっぱい勉強しましょうね。

さあ、今日からは
お客さんが自分のお店の商品を
身につけていたら、お礼の言葉をかけるぞー！

実行したら折る

Fri.

05

今日は、しっかりと告知する

ＰＯＰは一種の接客ツールです。お客さんの数が多いお店では、接客だけでは対応できません。その場合に非常に使える道具がＰＯＰです。

しかし、ＰＯＰをうまく活用できていないお店がまだまだ多いのが現状です。

たとえばゲームセンターでしたら、ゲーム機を見ると決まって貼ってあるのが「ＮＥＷ」とか「店長のオススメ」とかね。たいていのお店は新しく入ってから半年も経っているのに、いまだに「新入荷」とか貼ってあるのです。それにイマドキ「わぁ～店長のオススメだって。やらなきゃ！」なーんてお客さんはほとんどいません（笑）。

では、ＰＯＰには何を書けばいいのでしょうか？

できたら色を塗る

それは、**『動機づけさせる体験』をわかりやすく伝えればいいのです。**

「この商品を買うことによって（このサービスを受けることによって）、あなたはこんな楽しい体験が得られます」っていうことをＰＯＰに書けばいいのです。

ひとつ、ＰＯＰで非常に有名な例がありますので紹介します。

新潮社文庫の「白い犬とワルツを」という本です。この本を気にいったある書店員による手書きのＰＯＰが発端となって、当初誰からも注目されなかった書籍がミリオンセラーにまでなりました。

そのＰＯＰには次のように書いてあります。

「妻を亡くした老人の前にあらわれた白い犬。この犬の姿は老人にしか見えない。それが他のひとたちにも見えるようになる場面は鳥肌ものです。何度呼んでも肌が粟立ちます。感動の1冊。プレゼントにもピッタリです」

ねえ、読みたくなりますよね？

だって、何度読んでも肌が粟立つんですから。こんな体験したいですよね？　もうおわかりだと思いますが、これはこの本を読むことによって得

られる楽しい体験を謳っているのです。

あなたのお店のＰＯＰはこのように動機づけさせる体験をわかりやすく伝えていますでしょうか？

たとえば、パンツ（スラックス）でもよくあるＰＯＰは、商品名・色・価格・サイズだけしか書いてありません。

しかし、そうじゃなくて、「はくだけで、脚が長く、美しく、そして細く見えます！Ｏ脚の方にも安心！」など、はいたときに得られる楽しい体験をメッセージするのです。

また、ゲームセンターへ行くとこんな

POPもよく見かけます。

「2000円でメダル100枚のところが、なんと！　今ならメダル150枚！　お徳です！」。あなたは、これでメダル買いますか？

私は絶対に買いません。それはメダルには興味がないからです。

このイベントが常連客のためのイベントならいいと思います。しかし、新規客獲得を考えているのなら違います。これだけじゃ、新規客を獲得できないでしょう。

メダルが好きなお客さんならこのイベントはオトクです。でも、メダルにまったく**興味がないお客さんには無意味なのです。興味がない人はいくらディスカウントしたって買いません。**あなたが車のアクセサリーに興味がなければ、いくらいいアルミホイールがディスカウントされていても買わないのと同じことです。

では、興味がない人にメダルに興味を持ってもらうにはどうすればいいのでしょうか？

それは、メダルをやって得られる楽しい体験を伝えてあげればいいのです。

「なんでメダルがこんなに人気があるのかというと……

①やっぱ、あの大当たりの快感がたまらない！

大当たりの瞬間のワクワク・ドキドキ感はすごいものがあります！　言葉ではうまく

言えませんが。何か嫌なことや悩みごとがあってもフッ飛んでしまいますよ！　大当たりのあとにはツキが出て、競馬やパチンコに勝ったという話もよく聞きます！

②低予算で、長時間遊べる！（省略）

③増やせば、いつ来てもタダで遊べる！（省略）」などね。

このように書けば、メダルゲームで遊ぶことによって得られる体験を教えていますよね？　もし、さっきのディスカウントをつけるなら、このPOPのあとなのです。

「○○記念で、今なら2000円で100枚のところ、150枚ですよ！」とね。

そしたらここで初めてディスカウントの意味が出てくるのです。

さあ、今日から『動機づけさせる楽しい体験』をPOPに書くぞー！

Fri.

06

今日は、イベントやサービス内容をちゃんと把握してみる

先日、あるレストランに行こうとしたときのことです。

そのお店のホームページには、"毎週月曜日に来店されたお客様で「ホームページを見た」と言った方に限り、4500円のコースが3000円で食べられます"と記載されていました。

「おっ、これはお得だ！」と思い、そのお店へ行って、当然のことながら「ホームページを見ました」と伝えそのコースを食べました。料理はとても美味しく、一緒に行った友人とも話が弾み、満足なひとときを楽しむことができました。

そして、支払いをしようと伝票を受け取ったのですが、コースの値段が4500円のま

ま表示されているのに気づきました。

伝わってなかったのかな？　と思い、「あのー、ホームページを見たのですが……」と言ってみました。するとその店員さんは「はいっ？」と不思議そうな顔をしてきたのです。どうやら私がなんのことを言っているのかわかっていないようでした。

そこで、「あの……ホームページには月曜日に〝ホームページを見た〟と言うとコースが3000円になると書いてあったのですが……」と説明しました。

そうすると、「あっ、そうですか。少々お待ちくださいね」と言って、店員さんは奥のほうに行ったのです。おそらく、責任者に聞きに行ったか、ホームページを確認しに行ったのでしょう。

「おいおい、なんだこの店は！　せっかくディナーを満喫できていたのに……」と、私はすっかり気分を害してしまいました。最終的には3000円で計算してくれたのですが、待たされている間は不安だし、友人も心配そうにしているし、なんだか楽しい時間が一気に台無しになった、そんな体験でした。

これを読んでいるあなたは、「この店ダメだなー」と思うでしょう。

しかし、あなたのお店は本当に大丈夫でしょうか？

私はこういう類のことに、大きいことであれ小さいことであれ、しょっちゅう出くわします。

あなたは自分のお店でやっている、サービスやイベント内容をちゃんと把握できていますか？　あなたのお店のスタッフはちゃんと把握できていますか？

「今、出勤してきたばかりで……」
「最近、休んでいたもので……」
「僕、アルバイトなので……」
「新人なので……」

なんて言い訳している人いませんか？

そんなことは理由になりません。フロア（店内）に出たら、今やっているイベントやサービスについてしっかり把握しておかないと、お客さんに失礼です。

せっかくのイベントやサービスも、お客さんを不愉快にさせてしまったらやる意味がありません。また、あなたが責任者なら、**やるならやるで徹底させてください。ス**

タッフ全員に内容を伝えなくてはいけません。でないと、逆にお客さんの不満やクレームなどに繋がる可能性だってあるんですから。

だから私はイベントなどをやる際は、一人ひとりのロッカーにそのイベント内容を記した用紙を貼ったりしていました。スタッフの連絡ノートは読まない人もいますが、ロッカーに貼っておけば出勤した際に必ず見るでしょ？　今だったら携帯のメールで流してもいいかもしれませんね。

また、やっているのがちょっとしたサ

ービスだったとしても、**すべてのお客さんに平等にやりましょう。**もしもあなたが焼肉店で、お帰りのお客さんにガムをあげているなら、絶対に全員にあげるようにしてください。自分たちは何ももらえなかったのに、すぐ後ろのお客さんがガムをもらっていたりするのを見ると、すごい損をした気分になるからです。たとえたったガム1枚のことでもね。配るなら配る、配らないなら配らないというように、やるときはすべてのお客さんに平等にやりましょう。

さあ、今日からお店でやっている
イベントやサービス内容を
ちゃんと把握してから、フロアに出るぞー！

Fri.

07

今日は、やっているイベントを徹底的にアピールしてみる

私はよく、やっているのか、やっていないのか、わからないイベントを見かけます。

この前もあるお店で買い物をし、商品をレジに持っていきました。そしたら店員さんが「今、お買い上げ1万円毎に、次回使える500円の金券をお渡ししていますので、差し上げますね」と言ってきたのです。

「おいおい、オレが使った金額は1万8500円だよ!! そうなら、そうと教えてくれい〜! そしたら、2万円以上使ったのに!! あんた、オレに接客した際だって、教えてくれなかったじゃないか!!」

と……心の中で叫びました（弱い!!）。

それから私はお店を見渡しましたが、レジのところに小さなＰＯＰで「金券キャッシュバックキャンペーン」なるものが表示されているだけでした。

こんな告知でいったい誰がわかるんだ!!

これじゃまったく意味ないですよね？


このイベントの目的って、少しでもお客さんの買う金額を増やすことと、金券の有効期限の間にまた来店してもらい、お金を使ってもらうことでしょ？

それならそれで、ちゃんと来ているお客さん全員にわかるようにしないと。店員からのＰＲもなく、レジの小さなＰＯＰに気づいたお客さんだけが知るイベントなんて、何の意味もありませんよ。


私は数々のお店を巡回していてよく思うのですが、**やっているのかやっていないのかわからないようなイベントが多すぎるんですよね。**

せっかくいいイベントをやっているのに、なんか申し訳なさそうに告知していたり……。

店長に目的を聞いてみると、「新規客獲得のためです」とか言うんですよ。でも告知があまりにも徹底していないばかりに、そのイベントの存在を知って利用しているのはほんの一部の人だったりするんです。しかもほとんどが既存客。新規のお客さんを増やすためのイベントだったら、店頭やお店の外にももっと告知しないと意味がないですよ。

あなたのお店でもありませんか？　よく来てくださる常連さんでさえ、あなたのお店でやっているイベントを知らなかったりしているときが。こういう場合は気をつけないといけませんよ。告知が完全に不足しているということです。

イベントをやる際は、もう店内のいたるところにPOPを貼るくらいのアピールをしていきましょう。私はイベントをやるときは、最低でも30枚以上のPOPを貼っていました。同じPOPを横に連続で貼ったりする『並べ貼り』を思いっきり使ってました。そうすれば、嫌でもお客さんの目に入りますからね。

いいですか？
イベントをやるときは徹底的にやりましょう！　知る人ぞ知る（笑）……なーんてイベントはもうやめましょうね。

さあ、今日から
イベントをやる際は徹底的に
アピールするぞー！

実行したら折る

Fri.

08

今日は、どんどんできる人を「真似て」みる

優秀な人は、いいことをどんどん真似ます。そして、それをどんどん実践して自分のものにします。

私のサラリーマン時代、同期にとても優秀な人がいました。私はある期間彼のお店を手掛けていたのですが、そのときにお客さんを楽しませ、すぐに売り上げが上がる方法をいろいろ行いました。それを見ていた彼は、気持ちいいくらい、すぐにそれらを実践してくれました。そして自分のものにしていくのです。

ときどき、「他人の真似をしても意味がない。それは自分の実力じゃない」という人がいますが、果たして本当にそうでしょうか？

できたら色をぬる

いい例をすぐに真似して実践できる人は、いつしかそれを自分のものにし、能力を高めることができます。はじめは真似かもしれません……でも、それを取り入れようとする意識はとても大切なんです。

もともと『学ぶ』という言葉は『真似ぶ』から派生したといわれています。

それに、本当は言い出した人よりも、それを実践して結果を出した人を評価すべきなのです。

もしもあなたに尊敬できる人がいたら、その人を真似てみてください。

真似ると不思議とその人のレベルに近づいていきます。そして真似るのは、仕事の内容だけではありません。

話し方や言葉の使い方、考え方や仕草なども真似てみてください。

こういった言動のスタイルを真似ることで、その人と同じ結果を生み出せる傾向があります。何か困難にぶつかったときだって、「あの人だったらこうするだろう」と考えれば、自然とその人と同じような判断ができるようになるのです。

月曜日
火曜日
水曜日
木曜日
金曜日
土曜日
日曜日

私もよく人を真似ました。店長時代はそのとき尊敬していた上司。本部時代は当時の長であった本部長を真似しました。

特にその本部長は、非常に頭の回転が速く、常に先を読んでいる人でした。

「たとえば、こういった事案がある。コレを解決するためには二つの策がある。ひとつ目はこうで二つ目はこう……そして5年後、10年後にはそれぞれこのように展開される。だから、今我々が選択すべきはひとつ目の策なのだ」といったように。とにかく先を読み、的確な判断のできる人でした。

当時の私は、先を読む力などまったくありませんでした。それまでの私は、い

いと思ったことを、後先考えずに実行していただけなのです。それがたまたま当たって評価されていましたが、ときには予想が外れ、失敗したことだってありました。

私はその本部長を尊敬し、その人の仕草や言葉の使い方、ときには座り方まで真似するようにしました。勇気のいる決断をするときも、その人になりきり、堂々と行動してみました。そうしているうちに、不思議と先のことが考えられるようになったのです。

あなたも近くに尊敬する人がいるんだったら、ぜひその人を真似してみてください。自分で実践してみてください。そうすれば、その人の考え方がわかってきますから。そして自分を高めることができますから。

さあ、今日から
自分の尊敬する人の話し方、言葉の使い方、
考え方、仕草を真似てみるぞー！

実行したら折る

Fri.

09

今日は、周りのスタッフをちゃんと注意してみる

あなたは仕事仲間をちゃんと注意できますか？

周りのスタッフが仕事中に遊んでいたら（ふざけあっていたり、私語ばかりしていたり……）、やる気なさそうにしていたら（お客さんの前で大あくびをしていたり、眠そうにボケッとしていたり……）、時間を守らなかったら（遅刻してきたり、休憩時間を守らなかったり……）、ちゃんと注意しましょう。

もしかしたらそれは、勇気がいることかもしれません。その気持ちはわかりますよ。同僚の私が偉そうに注意なんかしたら、あとでギクシャクしちゃうんじゃないかとか、嫌われるんじゃないかとか。で、結局言えなかったりするんですよね。

そうやって見逃していると、逆にお店はどんどん悪い方向へいってしまいます。たとえ

できたら色を塗る

ば、休憩時間が30分だとして、ある人が5分遅れてきたとする。それを見逃すとどんどんエスカレートして、それが10分、20分と伸びていき、ほかの人も時間を守らなくなってくる。だらけた風潮がお店に蔓延《まんえん》してしまいます。

また、注意しないとその人のことがどんどん嫌いになってしまいますよね。

「またカウンターで遊んでいるよー」って注意するのをガマンしながら仕事をしていれば、確実にその人のことが嫌いになってくるはずです。

確かに注意するのは言いにくいことかもしれませんが、言い方にさえ気をつけ

ればいいのです。プライベートと仕事は違います。あなたが社員であれ、学生のアルバイトであれ、お金をもらって働いている以上、プロとしてやっているのです。だったら、ちゃんと注意しなければいけないことはしないといけないのです。**お店は決して仲よしサークルの集まりじゃないんですよ。**

私が店長時代に一番評価していたのは、周りにキッパリと注意ができる人間でした。仕事は仕事としてけじめをつけ、ちゃんと注意ができる。そういう人は、不思議と人望も厚く、嫌われたりもしないのです。

また、そういったお店は、管理者が休みでもダラけるようなことはないのです。

さあ、今日からは周りのスタッフにちゃんと注意するぞー！

土曜日

できた項目に ✓ をいれよう。

□ 01 今日は、万引き・不良客対策をしてみる

□ 02 今日は、クレームがあったら迅速に全力で対処してみる

□ 03 今日は、クレームのネーミングを変えてみる

□ 04 今日は、隣のお店のお客さんにもお礼の言葉をかけてみる

□ 05 今日は、お客さんの買ったものをレジでほめてみる

□ 06 今日は、初めて買ってくれたお客さんにお礼状を書く

□ 07 今日は、記念日を思いっきり祝ってあげる

□ 08 今日は、心の底から素直に謝ってみる

□ 09 今日は、周りの目を気にしない

実行したら折る

Sat.

01

今日は、万引き・不良客対策をしてみる

万引き、イタズラなどの不良客対策に一番効果的なのは、満面の笑顔であいさつすることです。

あなたのお店はちゃんとお客さんが来たら、あいさつしていますか？

別にお客さんが入ってきたら「すぐに話しかけろ」と言ってるわけではありません。そんなことしたらお客さんはすぐに退散しちゃいますよ。

ニッコリ、アイ・コンタクトを交え、軽～く「こんにちは！」とあいさつするだけでいいんです。あなたのあいさつの感じがよければよいほど、万引きや悪さをしにくくなります。

たとえば、ムシャクシャして「ゲーセンでちょっと暴れてゲーム機でも壊してやろう！」

できたら色を塗る

とお店に入っても、入るなりすんごいステキな笑顔で「こんにちは！」と心のこもったあいさつをされたら、誰だってその店員に悪くて、悪さしにくくなりますよね。

このとき一番いけないのは、「なんか悪そうな奴が入ってきた……」という目で見ることです。「あいつはなんか変なことするだろう」という目で店員が見ていたら、変なことを起こすようになってしまいます。

いくら万引きをするつもりでお店に入ったとしても、あいさつをされたら、「顔を見られたかも」と警戒します。万引きだってしにくくなります。

ちなみに万引きの多いお店、イタズラなどをよくされるお店というのは、お客さんに関心のないお店です。お客さんが入ってきてもあいさつさえしないといった、接客の悪いお店なのです。

これは私の経験から言えるのですが、接客のレベルを上げると、間違いなく万引きやイタズラなどをする不良客は減っていきますよ。

また、ゲームセンターなどは誰でも入れ、夜遅くまで開いているので、特攻服を着た、いわゆるほかのお客さんから見たら怖いと思う人たちがたむろすることがまれにあります。

私が最初店長をしたお店もそうでした。ある地方都市の郊外にあるのですが、全体の敷地面積は6000坪、いろいろなテナントが入っていて、直営のアミューズだけでも2000坪という、非常に大きなお店でした。そのうえ、金曜、土曜、祝前日は翌日の4時まで営業しているので、非常にそういった方々が溜まりやすかったんです。

目立って悪いことをするわけではなかったのですが、店内や店頭の空いているスペースに座り込んだりしていました。そうすると、あたりまえのことですが、一般のお客さんは怖くて入りづらいですよね？　そういった光景を何度も目にす

れば、お客さんの中に、ウチのお店の悪いイメージがついてしまいます。

　そこで私は何をしたか？　というと……。

　夜でも店内ミュージックを「アンパンマンのマーチ」とか、「ドラえもんの歌」にしたのです（笑）。そうしたら、だんだんその特攻服を着た人たちは来なくなりました。

　そりゃそうですよね……、「オメェさ～」とか言ってケンカの話とかしているのに、バックミュージックが「アンパンマンのマーチ」じゃカッコつかないですよね（笑）。おそらく、彼らは「ここは自分たちの場所じゃない」「ここにいるとカッコ悪い」と思ったのでしょうね。もし、あなたのお店が困っていたら使ってみてください。

さあ、今日から
お客さんが入ってきたら、ニッコリ、
アイ・コンタクトを交えてあいさつするぞー！

月曜日
火曜日
水曜日
木曜日
金曜日
土曜日
日曜日

実行したら折る

Sat.

02

今日は、クレームがあったら迅速に全力で対処してみる

クレームは誰でも嫌なものでしょう。思いっきり嫌味を言われたり、ときには怒鳴られたり……。あなたのお店やあなたのことを完全否定してくるかもしれません。「なぜ私が……」と思うときだってあるでしょう。泣きたくなることもあるに違いありません。

しかし、クレームから逃げてはいけません。あなたはお金をもらってプロとして働いている以上、お店に寄せられたクレームには、きちんと対処する義務があるのです。

しかも、**『クレームはチャンス』**でもあるんですよ!

あなたが気づかないこと、お店側では想像もつかないことを、わざわざ教えてくれるのですから。クレームから学ばされること、気づかされることはホント多いです。

できたら色を塗る

クレームを告げる行為というのは、お客さんも相当エネルギーを必要とします。だってそうですよね？　普通だったらなかなかクレームなんて言わないですよ。クレームを言うより、「もうこのお店に行かない」っていう選択のほうがずっとラクだしカンタンなんですから。

それでも、クレームを言ってくるというのは、「改善してほしい」というお客さんの願いが裏に込められているからこそなんです。お客さんがエネルギーを使ってわざわざクレームを言ってくるというのは、裏を返せば、ぜひとも改善してもらいたい、そしてまた気持ちよく行けるお店になってほしいという思いがそこにはあるはずです。

ですから、あなたが迅速かつ全力で対処すれば、その後クレームを言ったお客さんがファンになってしまう可能性が高いんですよ。現に私のお店の超常連客も、最初はそれぞれのクレームがきっかけでしたから。

ではクレームにはどのように対処すればいいのでしょうか？

クレームが発生したら、何よりも**まずはお客さんの話を熱心に最後まで聞き、心を込めて謝罪すること**です。

そして、「お客さんの立場でしたら私も同じように怒るでしょう」と、**お客さんの気持ちに共感し、認めてあげます。**さらに、**クレームをわざわざ言ってくれたことを心から感謝する**のです。

ここまですれば、たいていの場合はお客さんの気分は落ち着いてきます。自分の言いたいことを聞いてくれた、理解してくれたと思いますからね。

クレームを受けたらただ謝っているだけの人がいますが、**お客さんの気持ちに共感すること、わかってあげることが大切**なんです。

わかりやすく言えば、たとえば店員に何か商品の取り置きを頼んでおいたのに、ほかの店員がそれを知らずに売ってしまい、売り切れになってしまった。

お客さんは「取り置きしておいてもらったにもかかわらず、売ってしまったこと」「売り切れで、自分が買えなかったこと」に対して怒っているのですが、**その根底にあるのは「私のことを大切にしてくれなかった」という思い**なんですね。

それは、よく家庭や会社などでも「自分のことが大切にされていない、わかってもらえない」という思いが、不和や不満の引き金になっていることが多いのと同じです。

よくあなたの周りにもお店や会社の悪口をいつも言っている人っていますよね？　そういった人ほど、「自分が大切にされていない」「自分の力を認めてもらっていない」という思いが強いんです。

だから、「共感して相手を認めてあげる」というのはとても大切なことなのです。

共感して感謝したら、あとは**「なんでそうなったのか？」という原因を伝えます。**

そして、迅速かつ全力で解決すればいいのです。

「月曜日の07」でも、たった200円を返すために10キロ以上離れた家まで謝

もうこんな店二度と来ないぞ
怒
おっしゃる通りです私もまったく同じように感じるでしょう
怒っていることに共感する

りに行ったという話をしましたが、**「何もそこまでしてもらわなくても……かえって申し訳ない」とまで感じさせられるかどうかがカギ**なんです。

ここまで感じさせれば、お客さんは確実にあなたのファンになりますよ。

一番カンタンなのは、お店で起こったクレームに対して、トップである社長が謝りに行くことです。誰も社長が出てくるとは思わないですからね。それだけ大切にしてもらっているんだと思い、間違いなくファンになりますよ。

さあ、今日からクレームがきたら、
お客さんに心から共感し、
「ここまでしてくれるなんて……」
と感じさせるまで迅速に全力で対応するぞー！

Sat.

03

今日は、クレームのネーミングを変えてみる

たとえばあなたが店長だったとしましょう。事務所で仕事をしていたところ、スタッフが「店長、スイマセン。お客さんからクレームが……」と言ってきました。

「エー！　マジでー」とか、なんとなく嫌な感じがしません？　なんかネガティブな感じになりますよね？　クレームが発生したと言われて、「おっ！　ラッキー！」（笑）って思う人はいないでしょう。

そういった嫌な気分でお客さんのところへ向かったとしても、なんか悪い印象を持ちますよね？　悪くまでは思わなくても、あまりいい気持ちがしませんよね？

前項でも書きましたが、クレームをわざわざ言ってくれるお客さんはとても貴重です。普通だったら言わずに帰ってしまう、そしてもうお店には来てくれない人がほとんどなの

ですから。

それにもかかわらず、何かクレームを言った人に対して、あまりいい印象を持たない。

これっておかしいです。原因はこちら側のミスなのに……お客さんに対して失礼ですよ。

その原因は、「クレーム」というネーミング自体にものすごくネガティブな印象があるからです。

一般的にクレームというと、"お客さんが文句をつけること""怒ってイチャモンつけること"といったイメージがわいてきちゃうんですよね。

でも、そうじゃないですよね？

だったらいっそのこと、そのネーミングを変えてみればいいのです。

ある会社では、クレームのことを『**ラッキーコール**』と呼んでいるそうです。

これだったら悪い感じはしませんよね？　それよりも、なんとなくいい印象を抱くことができます。**ラッキーコールを言ってきたお客さんに対しては、『わざわざ言ってくれてありがとう』という感謝の気持ちを持てるようになります。**

実際に私の会社でも今「ラッキーコール」と呼んでいますが、だんだん社員も悪いイメージを抱かなくなったようです。それよりも、クレームを言ってくれたことに対して自然とお礼の言葉が出てくるようになってきたんですよ。

クレームはお店（会社）を成長させるためには必要不可欠なものです。

だったら、あなたのお店もクレームというネーミングを変えてみてはどうでしょうか？聞いたときにいい印象を受けるような、そんなネーミングにね。

さあ、今日からクレームを「ラッキーコール」と呼ぶぞー！

実行したら折る

Sat.

04

今日は、隣のお店のお客さんにもお礼の言葉をかけてみる

もしあなたのお店がショッピングセンターやショッピングモールといった商業施設に入っている場合、商業施設全体で考えれば隣のお店で購入したお客さんも〝同じお客さん〟になります。

隣のお店から出てくるお客さんを見かけたら、積極的に「ありがとうございます！」とお礼の言葉をかけてみましょう。

もしかしたら、隣も同業種のライバル店、なーんてことがあるかもしれません。

〝ライバル店で買った人なんて、うちの店には関係ないよ〟と思ってしまいがちですよね。

確かに、今回はそうかもしれません。

でも、その人がまたその施設に足を運んだとき、今度はあなたのお店のお客さんになる

できたら色を塗る

かもしれないのです。

買い物を終えて店を出たら、近くのお店のスタッフまでもが満面の笑顔で「ありがとうございます」とお礼の言葉をかけてきたら、ゼッタイ気持ちいいですよね？

これで、お客さんのあなたのお店への印象はグッとアップすること間違いなしです。

それに、その様子を見ていたほかのお客さんの印象だってよくなることでしょう。

しかも、これだけではないんです。

ライバル店との関係もよくなります。あなたのお店のお客さんも大切にしてくれるようになるかもしれません。


さあ、今日から自店の近くのお客さんにも「ありがとうございます！」と積極的に声をかけるぞー！

Sat.

05

今日は、お客さんの買ったものをレジでほめてみる

お客さんは、レジに商品を持ってきた段階でもまだ悩んでいる場合があります。

「本当にこのジャケットでよかったかな……」

「ほかのお店のほうがいいのがあったのではないか……」

「気にいったけど高かったなぁ。ほかのものを買ったほうがよかったかな……」

「これ、本当に私に似合うだろうか……」

などなど、商品を買うときって、いろいろな点で葛藤しています。悩んだあげく、買うことを決めたとしても、「本当にこれを買っていいの？」と自問しながらレジに持っていったりするものです。あなたもこんなふうに思ったことあるんじゃないでしょうか？

だからこそ、**レジでお客さんに〝その買い物は絶対に間違いじゃない〟っ**

てことを教えてあげましょうよ！　ちょっとした迷いを取り去り、後押ししてあげるような気の利いた一言をかけてあげましょうよ！　たとえば……

「本当によくお似合いでしたよ。ぜひ、これから活躍させてあげてくださいね！」

「これ私が言うのも変ですが、絶対に買って正解ですよ。間違いないです！」

「よくこれを発見しましたね！　とてもかわいいですよね！」

「実はこれ相当売れていまして、もう残り3コだけなんですよ。」

「これお高いですが、大切に着ていただければ10年は着れる、いいジャケットなんです」

などね。そういった言葉をかけてあげれば、お客さんは安心して、とてもいい気持ちで帰ることができます。

さあ、今日から
レジで、お客さんに“その買い物は絶対に
間違いじゃない”ってことを伝えるぞー！

実行したら折る

Sat.
06

今日は、初めて買ってくれたお客さんにお礼状を書く

私はお店で買い物したとき、店員さんに言われれば住所を書いたりもするのですが、ほとんどお礼状が来たためしがありません。

また、来たとしても、ただ単に印刷してあるもの（手書きのコメントが一切ない）であったり、一言「ありがとうございます」とだけ書いてあるものだったり。これは非常にもったいないですよ！

お礼状というものはおそらくあなたが思っている以上にパワーがあります。ただし、ちょっとしたコツさえつかめばです。たとえば、あなたが年賀状をもらってうれしいときはどんなときでしょうか？　何かちょっとしたあなたに対するパーソナルなコメントが入っていたときではないですか？

できたら色を塗る

だったら、お礼状もそう書きましょうよ。
せっかくですから、私の経験上どういったお礼状を書けばいいかコツをお教えします。**親しい、ちょい目上の友人に送るように書くのがポイントです。**目的は、お客さんと親しくなりたいからです。

次の四つの順番で書くようにしてくださいね。

①お礼（感謝の気持ち）を書く

「先日はご来店いただき、ありがとうございました」「先日は（私がお薦めした）ジャケットをご購入いただきまして、ありがとうございました」「先日はメダルを預けていただき、ありがとうございました」など。

②買っていただいた商品やサービスについて書く

「あのときは楽しんでいただけましたでしょうか？」「お買い上げいただきました、白のジャケットはもう着てみていただけたでしょうか？」「当店のサービスを気にいっていただけましたでしょうか？」など。

③お客さん自身についてのことを書く

来店いただいたときの印象に残ったことなど。基本はほめるように。お客さんのお名前を必ず入れるようにしてくださいね。

「ご試着されたとき、○○さんは本当に似合っていましたので、私もうれしかったです」「本当ご夫婦仲がいいですよねー。私は○○さんのようなご夫婦にとても憧れてしまいました!!」「○○さんは笑顔がステキですので、なんだか好感を持ってしまいました」「あんなにメダルを増やすなんて、○○さんはすごいですね!」「本当○○さんって、仕事がデキるって感じですよね!」など。

④シメの言葉を添える

注意してほしいのは、よくある「取り急ぎ御礼まで」はやめましょう。こんなこと、あまり友人には書かないですからね。

「本当にいいジャケットですので、ぜひ末永く大切に着てあげてくださいね！」「またよかったら（遊びに）来てくださいね！」「ぜひ、このメダルを元手にどんどん増やしちゃってくださいね！（有効期限が○月×日迄になりますのでお気をつけください）」など。

文末にはちゃんとあなたの名前を書くように！　フランクさを出すのであれば、

あっこの前のお店からだ
田中さま
先日はありがとうございました。あのジャケット、田中さんに本当にお似合いでしたよ！
ぜひご活躍下さいね。
森下より
田中光一様

名前の横にあなたのプリクラや顔写真などがあると、よりあなたに対して親しみがわくようになりますよ。

ここで注意しておいてほしいのは、お礼状はその名の通り、感謝の気持ちを書くということです。そこで、「新しい商品が入りました！」などといったことは書かないほうがいいです。それは別のハガキで送りましょう。じゃないと、営業っぽいのがバレバレです（お客さんのためのサービス券をつけるのはいいですよ！）。

こういったパーソナルなコメントを書いたお礼状はマジで効果大です。あなたが実際に書いて体感してみてくださいね。メールでもいいんですよ。

さあ、今日から
初めて買ってくれたお客さんに
感謝の気持ちを込めてパーソナルな
お礼状を書くぞー！

Sat.

07

今日は、記念日を思いっきり祝ってあげる

誕生日にお客さんがあなたのお店に来てくれることがあるでしょう。それを知ったら思いっきり祝ってあげてくださいね。

1年に一回しかない誕生日にあなたのお店に来てくれるというのは、相当光栄なことです。だから、**最大限祝ってあげましょうよ。**心から**"今年1年もいいことがありますように！"**ってね。

私のお店では誕生日のお客さんが来てくれたとき、ほかのお客さん全員の注目を集めて祝福するようにしていました。

まずはささやかなプレゼントを渡します。そして、**「○○さん、お誕生日おめでとーう！　これからもステキな1年でありますように〜！」**とスタッフ、お

客さん全員で合唱し、拍手をするのです。

スタッフとお客さん全員で行うことがポイントです。それは、お店とそこにいるお客さんが一体になれるからです。しかも、多くの人からお祝いされるので誕生日の当人はものすごくうれしくなっちゃいます。同じように、誕生日を祝ってあげるお客さんも気持ちよくなれるのです。

私はこのときよく思っていたのですが、見ず知らずの人からお祝いされたり、見ず知らずの人を祝ってあげるのってとてもステキなことじゃないでしょうか。

ぜひ、誕生日をお祝いするときは、「お誕生日おめでとうございます」だけでもいいですから、お店の人全員で合唱するようにしてあげてください。

あなたが飲食業だったらこれはとてもやりやすいサービスだと思います。

そして、一味プラスするのを忘れないでください。それは、誕生日のお客さんがいるテーブルに料理を運ぶとき、毎回なるべく違うスタッフが料理を持っていってください。そのたびに「お誕生日おめでとう！」と声をかけるようにしてあげてくださいね。

これは年末年始やクリスマスなどの記念日でも同じことです。

世の中にはたくさんのお店があるなか、わざわざ大切な記念日にあなたのお店を選んできてくれたのです。

だったら、最大限楽しませてあげないと。通常の日と同じサービスだったら、わざわざあなたのお店を選んだ意味がないですからね。

たとえば、私のお店でしたらクリスマスは次のようなことをしていました。

『ストライク＆スペアサービス』という、だいたい1時間に一、二回行う通常イベントがあります。これはどんなイベントかというと、曲が1曲流れている間に、ストライクかスペアを出すとお菓子を差し上げるというイベントです。いつもでしたら、ストライクやスペアが出たらスタッフが笑顔で「イエーイ！　おめでとう！」とハイタッチをして、お菓子をプレゼントするのですが、この日はクラッカーを渡すのです。そして、スタッフと一緒に「メリークリスマス！」と言ってクラッカーをバンバン鳴らします。また、一人のスタッフはクラッカーを鳴らした瞬間に、紙吹雪を投げるのです。

はっきり言って、店内はメチャクチャです（笑）。クラッカーでお客さんの髪の毛は白っぽくなっていますし、床は紙吹雪とクラッカーでゴチャゴチャの状態。ですが誰も文句を言う人はいません。それどころか非常に喜んでくれます。そこまでいくと、お客さんとお店は一体になれるのです。

アミューズメント系じゃなきゃ、ここまではできないかもしれませんが、あなたのお店でも一体になってできることはあるかと思います。

大切なのは「クリスマスにこのお店を選んでよかった」とお客さんに思ってもらうことです。

そうすれば、ほかの記念日にも来てくれるようになりますから。それに「ほかのお店に行けばよかった……」なんて思われたら悔しいですし、お客さんに申し訳ないですよね。

さあ、今日から
お客さんの記念日には、お店とお客さんが
一体となって思いっきり祝福するぞー！

実行したら折る

Sat.

08

今日は、心の底から素直に謝ってみる

小さいころ、親に怒られたときに苦しい言い訳をした覚えがありませんか？

「○○ちゃんがやれって言ったんだもん」

「そんなこと、知らなかったんだからしょうがないよ」

怒られるのが嫌で、はたまた許してもらいたくて、子どもはいろんな言い訳をします。

そして人は、大人になってからも、やはり言い訳をしてしまいます。自分が悪くないことを知ってもらいたいがために、自己弁護するんですよね。

もしかしたら子どもより、世間体を気にする大人のほうが、よっぽど言い訳を駆使しているかもしれません。

できたら色を塗る

でも言い訳は、接客においては絶対にタブーな行為です。

たとえ自分が悪くなくても、何か粗相があった場合には、お客さんに心の底からお詫びをしなければなりません。

あなたはきちんと謝れるでしょうか？

心の底から謝れるでしょうか？

表面的に謝るんだったら誰でもできますよ。お客さんが怒っているのがわかれば、何に怒っているのかわからなくても謝ることもできますからね。

でも、多くの人が自分が悪くなかった場合、どこかで「自分は悪くない」というのを見せたがります。そうすると、どうしても気持ちが入りません。

さらに最悪なのは、自分の頭で思うだけでなく、「私、今出勤したばかりで、よくわからないのですが……」「それ、私じゃないですよね……」「えっ？　ウチのお店ですか……」なんて言い訳のセリフが出てきたりします。

このような言い訳をしてきたり気持ちが入っていないのがわかると、お客さんはより怒ったり、もしくはもう言っても無駄だと思って帰ってしまいます。そして二度とそのお店に来てくれなくなります。

そうならないためにも、心の底から素直に謝りましょう。

「嫌な気分にさせてしまい、本当に申し訳ないことをした」「せっかく多くのお店があるなかで、わざわざウチのお店を選んでいただいたのにもかかわらず、非常に申し訳なかった」という気持ちでね。

ときには悔しいことだって、辛いことだってあると思います。ですが、あなたは働いている以上、謝らなければなりません。

誰かほかの店員がやったことであれ、

あなたのお店で扱っている商品が原因であれ、**あなたのお店で起こったことは、あなたがやったことと同じだと考えましょう。**

私は今まで多くの人を見てきましたが、この考え方ができるかできないかで一流になれるかなれないかがわかります。

ときには、心の底から謝る練習もしておいたほうがいいですよ。実は私もよく練習していました。

さあ、今日からは
たとえほかの人がやったことであれ、
心の底から素直に謝るぞー！

Sat.

09

今日は、周りの目を気にしない

この本を読んでみて、いろいろ〝やってみよう〟と感じたことがあると思います。

でも、周りの目（反応）が気になって、あなたは最初の一歩を踏み出せずにいるかもしれません。急に変わった自分を見られるのは恥ずかしいとか、人から冷やかされたりバカにされたりしたらどうしようとか、不安に思っているかもしれません。

たとえば、今まであいさつのひとつもしなかったあなたが、急に笑顔で「こんにちは！」と言い出せば、周りの仲間は驚くでしょう。

「なんだよー。あいつ。急にやる気になりやがって」とか、「そんな一生懸命やって、どうするのー」などと言う人が出てくるかもしれません。

また、今まで見て見ぬ振りをしたり、スタッフに注意することなく、仲よしグループ感覚でやっていた店長であるあなたが、急にスタッフを注意するようになったら、部下たちは一瞬とまどうかもしれません。

特にあなたのお店がユルユルのお店ならなおさらです。「なに店長、急にやる気になっちゃってどうしたの？」「出世でもしようと思ったの？」「なんか店長変わったよねー」などと休憩室で噂にされるかもしれません。

新しいことをはじめるのは勇気がいることです。その気持ち、私にもよくわかります。

しかし、**周りの目を気にして、このまま変わらない自分でいていいのでしょうか？**

もし、あなたが少しでも現状に納得していないなら変わりましょうよ。

最初は変わった自分を見られるのは恥ずかしいことだと思います。抵抗を感じるかもしれません。しかし、1週間もやり続ければ、周りの目も変わってきます。**さらに1カ月やり続ければ、周りの目はまったく違ったものになるでしょう。**

継続することで、**変わった自分がいつしか本当の自分の姿となるのです。**

月曜日
火曜日
水曜日
木曜日
金曜日
土曜日
日曜日

このことは、私がある売り上げ不採算のお店を手掛けたときに、つくづく実感しました。

そこは恐ろしいくらい最悪のお店でした。店長はたいしてやる気がない。見るからに商品を大切にしていない。スタッフはいつもペチャクチャおしゃべり。仕事中にもかかわらず携帯メールをやっている。カウンターに肘をついてダラーっとしてる。当日急に休むことがしょっちゅうで、いつもスタッフの数が足りていない。そしてそれを理由にして、清掃も全然しない。典型的不振店のワンダーランドのようなお店でした。

そのため、この店長はそのエリアの中

でも「ダメ店長」として有名でした。人柄はすごくいいので、目立って嫌われていることはありませんでしたが。他店の店長たちは、その店長の存在に安心感を覚えていました。だって、どんなに予算や前年売り上げを達成できなくても、ビリはそのお店ですからね。

　私はまず、その店長の仕事観を根本的に変えていかなければなりませんでした。

　スタッフが遊んでいるのに注意をしなければ、その店長を事務所に呼び、「それで、よく店長やってんなー！　なんであのスタッフを注意しないんだ！　あれくらい注意できないようならもう店長を降

りてくれ！　あんな状態でお客さんを迎えるなんて、せっかく来てくれているお客さんに失礼だよ！　今から本部長のところに電話するから、『自分に店長はムリです』と言って……。　えっ？？　店長やりたいの？　だったら、ちゃんと注意しなきゃ。あなたのやる気のなさがこのお店に出ているんだから」とガンガンに攻めたてました（こう考えると、私って結構ひどい奴ですね？（笑））。

不振店（不採算店）を変えるやり方は大きく分けて二つあります。

①お店と信頼関係を作っていって徐々に段階を踏んで変えていくやり方
②ダメなものはその場で完全否定していき、力で推し進め変えていくやり方

前者は非常にいいやり方ですが、なにぶん時間がかかってしょうがない。後者は欠点も多数あるけれども、すぐに変化が出る。早ければ1カ月後には数字として結果が出てくるんです。

私はこのとき後者のやり方を選択しました。いつまでも赤字店を放っておくわけにはいかなかったからです。

このとき私は本部所属でしたが、よく本部（管理部署）にいる指示や注意だけ偉そうに

して帰っていくタイプの人間ではありませんでした。それは私が店長だったころ、本部の人に注意されると「言うのは簡単だけど、じゃあ自分でできるのかよ！」とか「偉そうに！　現場のこともよくわからないクセに……」と反感を持ったからです。

だから、私はその店の制服を借り、自ら先頭に立って店内に出て改革しました。そのほうがお店のことがよくわかるし、実際にお店の中に入って働いているので、指示・注意事項の言葉にも重みが出てくるのです。**言葉の重みを出すには、まずは「自分が動いて、明らかにデキル」ところを周りに見せなければならないのです。**

私は徹底的に、店長とのマンツーマン指導を続けました。すると徐々にその店長の意識や行動が変わっていったのです。最初はこの店長も非常に辛かったと思います。よくわからない明らかに後輩の男に、やっていることを完全否定されるわけですからね。

でも、この店長がよくがんばってくれたおかげで、売り上げも翌月から結果が出てきました。そこから毎月、前年売り上げ比ベースで10％ぐらいずつ伸びていったのです！

その4～5カ月後には、その人は〝売り上げをどんどん伸ばすデキる店長〟としてエリア内でも有名になりました。店長会でそのノウハウを発表するほどにね。

以前だったら、その人の名前を言えば〝ダメダメ店長〟と言われていたにもかかわらず、いつの間にか〝デキる店長〟というイメージが定着したんです。もう誰も〝ダメ店長〟なんて言わないんです。

だから、あなたも新しいことをはじめるときは周りの目を気にせずに、堂々と最初の一歩を踏み出しましょう。もしかしたら周りの反応は冷ややかかもしれない。しかし、それをやり通せば、このようにまったく違った評価を得られることに繋がるのです。

一歩踏み出せば、間違いなく、あなたにとっていい方向に進んでいきますから。

さあ、今日から
周りの目を気にせず、
思いっきり最初の一歩を踏み出すぞー！

日曜日

できた項目に ✓ をいれよう。

□ 01 今日は、名刺をパーソナルなものに変えてみる

□ 02 今日は、自分なりの決めゼリフを使ってみる

□ 03 今日は、自分のことのように喜ぶ

□ 04 今日は、バックヤードをキレイにしてみる

□ 05 今日は、常連客の鼻を高くする

□ 06 今日は、普通ありえない『ひとつ上の接客』をしてみる

□ 07 今日は、後延ばしにするクセをなくしてみる

□ 08 今日は、とりあえず興味があった本を10冊買ってみる

□ 09 今日は、自分に自信を持つ！

実行したら折る

Sun.

01

今日は、名刺をパーソナルなものに変えてみる

名刺はあなたの顔です。

ただ単に、会社名や店名、そしてあなたの名前だけが書かれた名刺なんて、全然平凡です。そんなのたいして役にも立たない。いろいろなお店で名刺を受け取るお客さんからしてみたら、印象に残りにくいんです。

あなたがお客さんに覚えてもらいたいのは、名前よりも自分自身の存在ですよね？

そのために、名刺に顔写真を載せたり、裏にあなたのパーソナルなことを書くことをオススメします。その名刺を見たら思わず笑っちゃったり、親近感がわくようなことをね。

パーソナルなことって何かといいますと……たとえば、『マンガのＮＡＮＡが好き！

できたら色を塗る

ハチかわいいよねー。髪形ちょっとマネてまーす』『ラーメンにハマっています。やっぱ、一蘭サイコー（知ってます？）。2位は一風堂かな？　ラーメンのことならなんでも聞いてくださいね（も……もちろん、洋服のこともね（汗））』『こう見えても実は2児のパパなんです！　毎朝、「おかあさんといっしょ！」を子どもと踊りながら見ています（笑）。だからか、最近ちょっと痩せたんですよ！』『趣味　ペナント集め（古っ!!）』とかね。

これは手書きでもいいんです。別にちゃんと印刷して作る必要はありませんよ。

要はその名刺を見たときに、あなたに対して親近感が持てるような感

じならいいのです。

親近感を感じれば、お客さんはあなたのお店にまた来てくれるようになります。ライバル店が近くにあっても、価格とはまた別のところであなたのお店を選んでくれるようになるのです。

また、名前だけを覚えてもらうよりも、”ラーメン好きな店員さん“ ”自称キムタク似の店員さん“といった覚え方をしてもらったほうが、印象にも残るし、親近感がわきます。ただ名前だけの名刺なんてつまらないです。あと、アルバイトだろうが名刺は作ったほうがいいですよ。目的を考えればわかりますよね。

さあ、今日から
パーソナルなコメントを付け加えて、
オリジナルの名刺を作るぞー！

Sun.

02

今日は、自分なりの決めゼリフを使ってみる

あなたは、マニュアルにありがちな決まり文句でも表面的なあいさつでもない、お客さんの心をつかむような決めゼリフを持っていますか？

今までのお客さんとのやりとりのなかで、反応がよかったり喜んでもらえたセリフがあったなら、ぜひともそれを活用してください。

また、自分がお客さんとしてほかのお店に行ったときに、言われてうれしかったことでもいいですよ。それを覚えておいて、どんなタイミングでどんなお客さんに言うと効果的かを考え、使ってみてください。

たとえば、ゲームセンターで大量のお菓子をGETしたお客さんがいたとしましょう。

そんなとき、ただ単に「おめでとうございます」「わあ、どうもありがとうございます」と受け答えするのでは普通ですよね。もちろん間違いではないですよ。なんにも話しかけない人よりも数十倍いいです。でも、お客さんの印象に残るようなセリフではありません。

そんなとき私だったら、次のように話しかけます。

「あー、ちょっと取りすぎ！　こんな取っても食べれませんよ！　でもすごいッスねー」

「うわーすごいなー！　でも、これで半年はお菓子を買わずにすみますね～」

「これで虫歯街道まっしぐらですね！　ちゃんとよく歯磨きしてくださいよ～」

それを聞いたお客さんが思わず笑顔になったり喜んでくれたりしたら、これが決めゼリフとなるわけです。

ありがちでない言葉は印象に残ります。お客さんは家に帰ってから、「今日店員さんに、こんなこと言われちゃった」なーんて話をするかもしれませんからね。

このように、お客さんの反応がよかったと感じたセリフは覚えておいて、自分のものにするとよいでしょう。ただ、同じお客さんに二回言ってしまわないように気をつけてくださいね。そうなると、なんかマニュアルっぽい感じに変わってしまいますから。

さあ、今日からお客さんに自分なりの決めゼリフを使ってみるぞー！

実行したら折る

Sun.

03

今日は、自分のことのように喜ぶ

たとえば、あなたが一生懸命勉強して、何か難しい資格試験に合格したとします。それを友人に話したら、まるで自分のことのように「やったなー！　俺もスゲーうれしいよ！」と喜んでくれたらどうでしょうか？

「コイツ、なんていい奴なんだ！」と思いますよね。その人のことを絶対すごく好きになりますよね。信頼できるようになりますよね。

だったら、私たちも同じようにお客さんにしてあげましょうよ。

とてもカンタンです。お客さんがうれしがったり、喜んだりしたことがあったら、お客さんの気持ちになって、まるで自分のことのようにうれしくなったり、喜んだりすればいいだけなのですから。

できたら色を塗る

それだけで、お客さんはあなたのファンになります。

私のお店によく来るお客さんで、30代半ばの方がいました。彼は非常にやさしく、素直でとてもいい性格なのですが、どうしても引っ込み思案なところがあり、長年彼女がいませんでした。

そこで、私が開催していた異性の出逢いのイベント「ねるとんボウリング大会」に参加しないか勧めてみたのです。しかし、彼は「恥ずかしいからイヤだ」と断ってきました。ねるとんボウリング大会は、最後に告白ボール（ボウリング場ですから、ボールに熱い想いをかけて投げ

やっと一件、受注してきました〜
イエーイ
契約書
おー、よくやった
オレもうれしいよー
上司
新人

ながら告白するのです）があるので、それがどうしてもイヤだと。それでも私は何度も何度も説得して、ついに彼の参加を取りつけたのです。

そして結果は……見事カップルになったのです！

私はうれしくてしょうがなくて、自分のことのように「やりましたね－！　ホント自分のことのようにうれしいですよ！」とすごく喜んだのです。私の様子を見て、そのお客さんはもっと喜んでくれました。

しばらくして、そのお客さんはちょっと遠くの場所へ転勤になってしまいました。それなのに、ほかのボウリング場には行かないで私がやっていたボウリング場に、車で1時間半以上かけて来てくれるようになったのです。

それだけ、効果は高いのですよ！

店員がお客さんのことを、まるで自分のことのように喜んであげる。それだけでお客さんはとても幸せな気分になり、その店員のことを好きになります。その効果は非常に高いんですよ！

お店のお客さんだけではなく、あなたの周りの人に何かいいことがあったとき、やってみるとてもいいですよ。人間関係が驚くほどよくなりますから。

たとえば、あなたが部下を持っているなら、部下にいいことがあったら一緒になって本心で喜んでください。それだけでその部下はあなたについてきますから。自分から部下に好かれようと歩みよったり、オベンチャラを言う上司をよく見かけますが、そんなことでは部下はついてきませんよ。

どんなに叱っても、どんなに厳しいことを言っても、部下にいいことがあったり、部下が成長したときに、まるで自分のことのように喜んでくれる。そんな上司に部下はついていくのです。

さあ、今日から
周りの人の喜びを、
まるで自分のことのように喜ぶぞー！

実行したら折る

Sun.

04

今日は、バックヤードをキレイにしてみる

あなたのお店のバックヤードって、キレイですか？　ちゃんと整頓されていますか？

商品や事務室があるバックヤードは私たちスタッフが使用する場であって、お客さんには直接関係がないと感じるかもしれません。

ですが、常にキレイにしておく必要があります。

まず第一に、自分の部屋をきれいに片づけておくと、精神的に落ち着くようになります。同じように、お店の裏側であるバックヤードもキレイに整頓されていると、気分よく働くことができるのです。

それに、仕事の効率もアップします。

できたら色を塗る

どこに何があるのかがわからないぐらいバックヤードが乱雑だと、商品ひとつ探すのにも無駄な時間がかかってしまいますからね。忙しいときに限って、探しているものが見つからない……なんてことありますよね。

「あー、もっとちゃんと整理しておけばよかった……」「土日は混むのがわかっているのに、キレイに片づけておけばよかった……」なんて思っても、そのときではもう遅いのです。

私がナムコにいたころ、いろいろなお店を巡回していました。そのときに感じたのは、売り上げの悪い店はバックヤードも汚いということです。商品を大切にしていないのがまさに表れているんですよ。そういったお店に限って、大切な景品のぬいぐるみが床に落ちてるとかね。そんな汚れがついたぬいぐるみを手にしたお客さんは、一体どういう気持ちになるでしょうか。それとも、汚れてしまったからってカンタンに捨てるのでしょうか？

さらに、バックヤードを汚いままにしておくのは、「誰かが掃除してくれるだろう」という甘えの精神がスタッフにある、ということです。これは、やがて仕事の態度や考え方にも悪影響を及ぼします。**汚れたら、"今"掃除する。乱れたら、"自分が"整頓する。**これをクセにし、自分を取り巻く環境も整えてください。

ちなみに、バックヤードはお客さんには直接関係ないと最初にお伝えしましたが、意外にもお客さんに見られているんですよ。レジやカウンターのすぐ後ろがバックヤードスペースだというお店はなおさらです。あなたが商品を取りに扉を開けた瞬間、商品がゴチャゴチャに散乱しているバックヤードがお客さんにチラッと見えたとしたら……（ヒャー、コワッ!!）。

さあ、今日から、自らすすんでバックヤードをきれいに整頓するぞー！

実行したら折る

Sun.

05

今日は、常連客の鼻を高くする

私には今、チョー気にいっているある居酒屋（ダイニングバー）があります。

そこは全国的にも名が知れた人がオーナーで、その人が考えた創作料理が非常においしく、よく友人を連れていったりします。何度か通っているうちに店長も顔や名前を覚えてくれ、私はすっかり常連さんとなりました。

その店長がまた、お客さんのハートをつかむのがものすごくうまいんですね。新しい友人を連れていくたび、「森下さん、いつもありがとうございます」と私の名前を呼び、わざわざ席まであいさつをしにきてくれます。すると連れていった友人は決まってこう言います。「すごいお得意様なんだね！」「わざわざあいさつしにきてくれるんだあ」などとね。

それだけでなく、ちょっとした特別サービスまでしてくれます。「本当は一皿で4個な

月曜日
火曜日
水曜日
木曜日
金曜日
土曜日
日曜日

できたら色を塗る

のですが、6名いらっしゃるので6個で盛りますね」「メニューには載っていないのですが、今日はいい魚が入りましたので、特別にお作りしますよ」（いわゆる裏メニューってやつです）とかね。一緒にいる友人も大変喜んでくれるし、〝特別なサービス〟を受けられたことに感謝してくれるんですよ。「森下さんと来たおかげだよ」と言われたりすると、私も思わず鼻が高くなってしまいます。「まあね～」なんてね。

このように、**常連さんが友人を連れてきたときには、その人の鼻を高くしてあげてください。**その常連さんが〝特別なお客さん〟であることを示し、友人からすごいと思われるようにね。それだけですごく気持ちよくなりますから。

飲食店であれば、先ほどのような裏メニューは効果的ですよね。そのほかにも、グラスワインの量を少し増やしてあげるとか、お薦めのツマミを少しサービスしてあげるとか。ちょっとしたことでいいのです。

また、何か料理や商品の説明をする際は、常連さんに向かってするのではなく、そのお連れさんに向かってしてみてください。

「これは一見何の変哲もない、トンカツなんですが、○○産の贅沢な黒豚だけを使用し、隠し味に砂糖を少々入れているんですよ」みたいな、ウリのポイントをね。これが大切なのです。

そもそも、常連さんが友人を連れてくるときは「いいお店があるんだよ」って自慢しながら来ているはずです。ですから、友人にもお店のいいところを見てもらえるよう、最大限応えてあげてください。そして、その常連さんと一緒だから得られる、ほんのちょっとしたサービスをしてあげてください。

そうすれば、今度はその常連さんの友人が新しいお客さんを連れてきてくれるようになりますよ。これが、"お客さんを拡げていく"ということです。

さあ、今日から常連さんが友人を連れてきたら、ちょっとしたサービスをするぞー！

Sun.

06

今日は、普通ありえない『ひとつ上の接客』をしてみる

まず最初に言っておきますが、これは初心者向けのテクニックではありません。ある程度の接客レベルを必要とします。「接客」に自信がついてから使ってみてください。

私は接客をする際、よく普通の接客ではありえない表現を使います。

それは、店員が普通使わない表現を使うことによって、お客さんの心を〝グイッ〟とつかむことができるからです。

たとえば、UFOキャッチャーでたくさんぬいぐるみをGETしたお客さんを見たら、私は次のように声をかけます。

「っていうか、あんたら取りすぎ～！　そんな取ったらウチもやってかれ

ないよ〜！」ってね。普通じゃありえないでしょ？　お客さんに向かって、「あんたら取りすぎ」ですからね（笑）。しかもタメ語で。でも、こんなふうに声をかけると、まずお客さんは驚きます。でも、とても喜んでくれて、一瞬で仲よくなることができるのです。そうすると、間違いなくリピーターとなってくれます。しかもかなりの頻度で来店してくれるようになります。

また、ボウリングでも、お客さんのスコアを見ながら必ず声をかけるようにしていました。彼女より彼のスコアが悪いと、「っていうか、彼、彼女にスコア負けてなーい？　ちょっとヤバイんじゃないの？」などとサクッと声をかけます。そうすると、彼が「そう言わないでよー」とか、彼女もうれしそうに「そうでしょー！　もう下手なんだからー」とか、とにかく楽しそうに返してきてくれるのです。そんな二人を「いつまでもラブラブでねー！」と手を振りながら見送ったりしていました。

だいたいこういうふうに声をかけると、１週間以内にはまた来てくれます。そして「今日は負けないようにがんばるよ！」なーんて言いに来てくれるのです。

ボウリングを５ゲーム以上やっていた人にも声をかけていました。「もう５ゲームもやってるじゃん！　ボウリングやりすぎ！　明日筋肉痛になっちゃうよー！」みたいに言うのです。普通でしたら、「5ゲームもやっていただきありがとうございます」ですよね？　にもかかわらず、「ボウリングやりすぎ！」と（笑）。

しかし、このように声をかけると、逆にその日のゲーム数がまた増えていくのです。

こういう変わった接客をすると、お客さんはまずビックリするでしょう。でも、それだけ大きなインパクトを与え、まるで昔から仲よかったような印象づけをすることができるんです。どこの店でも交わされているようなお決まりのセリフでは、こういった効果は生み出さないでし

ょう。だから、私がやっていたボウリング施設では週に3〜4日は来店してくれる常連さんが多かったのです。

私の店ではアルバイトも含めてこのありえない接客表現を使っていましたから。

常連さんが来るのが見えたら「また来やがって〜！　暇だなー」なんて声をかけているんです（笑）。第一声がこれでしたから最初は私も一瞬驚きましたが、実は常連さんもすごく喜んでいたのです。

言葉だけ見るときつい言い方に見られるかもしれませんが、話しかけているときは**愛情たっぷりの笑顔**で言っていますよ。

たとえるなら、彼女が大好きな彼に「もう嫌い！」と、とびっきりの笑顔で言っているような感じですかねー。　もちろん、これも裏ではかなりの練習（ロールプレイング）をしていたりするのですが。

みなさんのなかには"年下や同年代のお客さんにはできるけど、年上だった場合そんなことできない"って思う人がいるかもしれません。

しかし、お客さんが年上かどうかは、さほど関係ありません。逆に年上の人ほど、そういった接客を気にいったりしてくれます。なんてったって普段経験しないことだけにね。

私なんか、なれなれしい言葉で話していた人が、実は地元では有名な企業の社長だったりしたときもありますから（笑）。でも、その人はノリノリで会話に応じ、その後もよく遊びに来てくれるようになりました。親子ほど年齢が離れているのにもかかわらず、まるで親友のようにその社長と話している姿をその会社の社員が見たときにはとても驚いていましたが（笑）。

もちろん、笑顔で言わなきゃ絶対ダメですよ。真顔だと冗談に聞こえなくなっちゃいますよ。

どの接客本にも、なれなれしい言葉使いは厳禁と書いてありますが、誰もが思っている常識とまったく逆のことをするとお客さんの心にグイっと入り込むことができるのです。お客さんがあなたのお店に"ハマル"効果は高いのです。

一番いけないのは中途半端なことです。なれなれしい言葉を話すなら、堂々と相手に気兼ねすることなく話せば、たいていの人が受け入れてくれます。あなたが不安に感じるほど、お客さんが怒ることはありませんよ。

ただ、ときには気難しく、冗談が通じないタイプの人もいます。そういった人は、顔を見ればすぐにわかりますよね？　なんとなく感じますから。

最初にある程度の接客レベルが必要ですとお伝えしましたが、本当はそんなに難しくありません。愛情たっぷりの笑顔が出せ、お客さんを楽しませる気持ちと勇気があればカンタンにできます。

さあ、今日から普通の接客ではありえないような表現をして、お客さんをどんどんハメるぞー！

実行したら折る

Sun.

07

今日は、後延ばしにするクセをなくしてみる

あなたも働いていれば、たくさん「やること」「やりたいこと」「やらなければならないこと」があるかと思います。もしかしたらやることが多すぎて時間が足りないかもしれません。

また、やりたいことがあるんだけど、やりはじめると時間がかかりそうなので、ついつい後延ばししているかもしれません。逆にあまりやりたくないことからは、いつも逃げているかもしれません。

後延ばしにすればするほどやりづらくなっていきます。

そして、最後には「もっと早くやっておけばよかった……」と後悔するだけです。

できたら色を塗る

時間が経てば経つほどしづらくなるのです。

たとえば、人に何かしてもらったとき、すぐにお礼を言えばいいのに、それを言わないと時期を逃していいづらくなってしまいますよね？

実は私も後延ばしをついついしていました。お客さんにお詫びの電話をかけなければならないのですが、かけたくないので1日1日延ばしていったら、時間が経ってかけづらくなったりね。これって最悪のことです。

あとで後悔するくらいなら、もう後延ばしするのはやめましょうよ。

明日やるのではなく、今日ちょっとでもいいからやりましょう。コツは少しでいいですから、まず手をつけることです。

あなたは全部カンペキにやらないと気が進まないかもしれません。

私も掃除は嫌いなんですが、やるときはカンペキにやったりします。やるとCDの並び順からきれいに整えちゃったりしますから（笑）。だから、時間がないという理由でなかなか手をつけないなんて、ザラです。

だったら、カンペキにしなくていいので、ちょっとだけやってみるようにしましょう。

月曜日
火曜日
水曜日
木曜日
金曜日
土曜日
日曜日

今日中にすべてやる必要なんてないんです。

そうしたら物事は少しずつ進んでいきますから。

1日で全部やろうとするのではなく、たとえば1週間を細切れにしてちょっとずつやっていくのです。

この本だって一気にやろうとすると大変なのがわかっているのでなかなか書く気が起きません。しかし、1日2項目と考えればカンタンにできてしまうのです。

それに今まで後延ばしにしていたことも、ちょっと手をつけてみれば自然と動いていくようになります。今までイヤだイヤだと思っていたことでも、ちょっと

やってしまえば意外とカンタンだったりしますよね。

あなたは今、後延ばしにしていることはありますか？

もしあるんだったら、今日から少しずつやってみてください。たった5分でも、10分だけでもいいですから今からはじめてくださいね。


さあ、今日から後延ばしせずに、ちょっとでもいいから手をつけるぞー!

Sun.

08

今日は、とりあえず興味があった本を10冊買ってみる

あたりまえの話ですが、本を読むことはとても大切で、本から得られる知識は膨大かつ貴重なものです。あなたが通常だったら考えられないことでも、本を読めば、あなたの頭の中に入れることができるのです。

何か調べたいことがあったとしたら、そのことが書かれている本を10冊読めばいいのです。マーケティングに詳しくなりたかったら、とにかくマーケティング関連の本を10冊読めばいい。そうすれば、知識の面ではエキスパートになっているはずですから。

あとはそれを実践して、自分のものにすればいいのです。

また、あなたのお店のターゲットとしているお客さんについて書かれた本（雑誌）を10冊も読めば、そのターゲットとしている人たちの趣向や考え方、行動パターンがわかるよ

うになります。

でも、本を読んでもなかなか頭に入らなくて困っている人って意外と多いですよね。私もそうでしたから、その気持ちはよくわかります。読まなきゃいけないと思って買って読んでも、すぐに忘れてしまうんですよねー。昨日読んだことさえ忘れてしまったりする（笑）。実はこういうふうに、「自分は読んでもすぐ忘れる」とか「なかなか頭に入らない」とか思って読むことがいけないのです。

これでは「読んでも、読んでも、私の頭に入らない……」と催眠術をかけながら読んでいるようなものです。これでは頭に入るわけないですよね？

自分が本を読んでも頭に入らないという、間違った思い込みを捨て、本を読むことによって頭に知識がどんどん入っていくことを感じながら読むことが大切なのです。

そうカンタンにこんなふうには感じられないと思うかもしれませんが、人間はそのときに応じていろいろな役柄を演じています。恋人とつき合ったばかりのころは、いい人を演じちゃったりしているでしょ？　それをうまく使えばいい。**本を読んで、どんどん頭がよくなっていく自分を演じながら読めばいいのです。**

あまり口に出して言うのは恥ずかしいのですが、私なんて「ヤッベー！　オレこんなの読んだら天才になっちゃうよー」（笑）と読む前に一人でニヤニヤつぶやき、それから読んでいます。

それと、本用のノートを作ることをお勧めします。読んで大切だと思ったこと、読んでいて浮かんだ発想（ちょっとしたことでも）など、なんでもノートに箇条書きで書き留めていくのです。何度でもそのノートを読み返せば書籍のことが頭に入ります。

本を読んで天才になっちゃう自分を感じながら、大切なことをノートに書いていく。こうすれば、貴重な知識を忘れなくなりますよ。

さあ、今日から天才になったつもりで本をどんどん読むぞー！

Sun.

09

今日は、自分に自信を持つ！

最近よく思うのが、自分に自信のない人があまりにも多いということです。

やればできるのに、さまざまな理由をつけて、やる前からあきらめているんですよねー。

どうせ自分は仕事ができないからとか、学歴がないからとか、今まで何やってもダメな人間だったからとか、育った環境が悪かったからとか。

自分はこんなもんだからとか言って、勝手に自分の上限を決めてしまっている……。

これって、非常にもったいないことです。

希望した会社に入れなかった人がこんなふうに言っているのを聞きました。

「大学がよすぎるので敬遠されてしまいました……」

また転職の相談を受けたとき、まだ27歳の彼がこんなこと言っていました。

「もう年が年なんで、挑戦できないんですよ！」

何が言いたいかわかります？　「あれ？」って感じですよね。

結局は自分の考え方次第なんですよ。

容姿がいいのに全然彼女ができない人もいれば、変な顔しているのにどう見ても不釣合いの美しい彼女がいる人もいる。

この違いは、自分に自信があるかないかの違いでしかありません。

もちろん、自分に自信を持てない理由もわかります。

今までの失敗体験や失恋体験、育った環境や周りの環境などからそう思うのでしょう。

しかし、結局は周りの環境ではなく自分自身の考え方なんです。

人生には、みんな平等にチャンスがやってきます！

なのに、自分に自信がない人、やる前からあきらめてしまっている人はそのチャンスに気づきません。たとえ気づいたとしても、「どうせ、やってもダメだろう！」「挑戦したって、うまくいきっこない」とあきらめてしまっているのです。

自分に自信がある人は、そういったチャンスに気づけます。そして最大限そのチャンスを活かそうとします。**「失敗したっていいから、やってみよう！」と行動に移すことができるのです。**

実は「成功している人」と「していない人」との違いはこの考え方だけなのです。

成功している人と話していて、いつも感じることですが、その人たちはものすごく失敗を繰り返しています。しかも、本当は結構普通の人だったりします。今では「先生、先生」と呼ばれ尊敬されている人でも、その人の高校時代の友人と話すと、高校時代はいたって平凡、もしくはかなり冴えていなかったりすることが多いんです。もちろん、みんなそんなことは隠しますがね。

私だって昔から接客が得意だったかというとそんなことはありません。最初はお客さんに話しかけるのだって怖かったし、不安の連続でした。お客さんや周りから自分がどう見られるのだろう、なんて気にばかりしていました。今、私のことを知っている人に言うと驚かれるのですが……それくらい人は思考しだいで変われるということです。

それに、育った環境だってよかったとは到底言えません。

私が3歳のときに両親が離婚し、転々とあちこちに預けられていましたから。そのときは理解することができないくらいいじめられていました。預けられた先の人が少しおかしくなっていて、味噌汁をこぼしただけで体ごと投げ飛ばされ、脚の骨を折ったこともありました。今でも絶対に忘れられないことがあります。それはオネショをしただけでナイフで体に傷をつけられたことです。小学生になってから、やっと親と暮らすことができたのですが、母は女手ひとつで私を食べさせなければなりませんでしたので、いつも仕事でいないうえに、夜も帰りは遅いという毎日でした（もちろん、母にはたいへん感謝していいます）。いつも私は家にひとりぼっちでした。布団をかぶりながら寝ては、「自分なんて、生まれてこなきゃよかった」「なんのために生まれてきたんだろう」と毎日思っていました。これ以上話すと長くなりますのでこれくらいでやめておきますが……。

育った環境や親のせいにするのはあなたの勝手です。しかし、それは結局あなたが自分で不幸の道を選んでいるだけです。特に、人のせいにして逃げるのは最もラクな方法ですしね。

もしあなたが少しでも変わりたいと思うんだったら、まずはウソでもいいから自分に自信を持ちましょう。自信を持って生きてみましょう！

人間はみんな役者です。自信がある人を演じればいいだけなのです。何かトラブルや落ち込むことがあっても自信がある人だったらどう対処するか考えて行動すれば、自信は自然とついてくるようになります。

まずは、ちょっとしたことでもいいので、自信を持っている人のように歩くとか、話してみるとか、電車に乗ったら自信がある人を演じてみるとかしてください。

それに、これから先後悔する人生なんてまっぴらじゃないですか？

1年後、5年後、10年後、そして死ぬときに「あのとき、やっておけばよかった」と後悔するなんてイヤですよね？

なら、自分に自信を持ってあきらめずに挑戦しましょう。
それがあなたのピッカピカの人生なんです。

さあ、今日から
自分に自信を持って、あきらめずに
ピッカピカの人生に挑戦するぞー！

あとがき　接客業で一番大切なこと

さて、いかがだったでしょうか？

もしかしたら、あなたにはカンタンなことだったかもしれません。カンタンなことだからこそ、何度も読んだり実践したりしてください。そして、確実にあなたのものにしてほしい。読んでわかっているつもりになっただけでは決して自分のものにはなりません。

あなたが実際に実践することで知識と体験が一致し、本当にあなたのものとなるのです。

逆に、もしかしたらあなたには難しく「こんなのできないよー」と思うものが多かったかもしれません。そんなあなた、ここはがんばって最初の一歩を踏み出してみてください。

確かに最初の一歩は勇気がいることでしょう。でも、せっかくこの本を手に取ってここまで読んでくれたのですから、あなたは少しでも今の自分を変えようと思ったり、接客をよくしようと思っているんですよね？　ここで一歩踏み出してしまえば、間違いなくあなたにとっていい方向へ進んでいきますよ。

そして、最後まで読んでいただきありがとうございました。

私は接客業が大好きです。だって、人が生きていくなかで出会う人の数なんてたかがしれてますよね？　しかし、接客業をしていると多くの方たちに出会うことができるのです。そして、多くの方たちを楽しませたり、喜ばせたり、感動させたりすることができるんですよ。これってステキなことじゃありませんか？　私はとってもステキなことだと思います。

本書でテクニック的なことをいろいろ書きましたが、接客で一番大切なことは『本当にお客さんのことを心から楽しませよう、喜ばせようと思う気持ち』です。この気持ちをあなたが持てば、必ずお客さんに伝わります。そうすれば、価格や規模や立地などに左右されずに選んでくれるはずです。このことを絶対に忘れないでください。

これからもあなたの『ピッカピカ』な接客でお客さんを喜ばせてあげてくださいね！

おかげさまで、前著「お客さまをファンにさせる接客をマスターする」（ソシム）は口コミだけで売れ続けています。まだ読まれていない方は、こちらも併せて読まれることをオススメします。

最後に、謝辞を述べさせてください。

特に私の師匠である、セラピストとして雑誌やTV、自身の著書でもお馴染みの石井裕之さん。本書の内容は私の体験に基づいていますが、石井さんから教えてもらったこと、それによって見えてきたことも少なくありません。言葉では表せないほど感謝の気持ちでいっぱいです。

親友の松本佳子さん。私は文章がとても苦手です。口では説明できるのですが、どうしても文章にできない。そんなときいつも助けてもらいました。本当にありがとう。

出版元の株式会社ソーテック社の福田清峰さん、イラストレーターのtokotonさん、私の人生のメンターである岡村昭さんと高野徳美さんにも心より感謝しています。

そして、この本を多くのビジネス本や接客本があるなかで、わざわざ買ってくれたあなたに。まだお会いしたことはないかもしれませんが、あなたにはいつも感謝しています。

本当にありがとう！

それではまた、どこかでお会いしましょう！

森下裕道

参考文献
「お客さまをファンにさせる接客をマスターする」森下裕道（ソシム）
「一瞬で信じこませる話術　コールドリーディング」石井裕之（フォレスト出版）
「なぜ、占い師は信用されるのか？」石井裕之（フォレスト出版）
「コミュニケーションのための催眠誘導」石井裕之（光文社）
「自分を高め会社を動かす99の鉄則」新将命（PHP文庫）
「成功への72の公式」新将命（日本生産性本部）
「「惚れるしくみ」がお店を変える！」小阪裕司（フォレスト出版）
「失われた「売り上げ」を探せ！」小阪裕司（フォレスト出版）
「「心理戦」で絶対に負けない本」伊藤明・内藤誼人（アスペクト）
「相手を思いのままに「心理操作」できる！」デイビィット・リーバーマン（三笠書房）
「非常識な成功法則」神田昌典（フォレスト出版）
「NANA」矢沢あい（集英社）

7日間続ければ
あなたは変わる
ピッカピカ
今日《きょう》からあなたを接客《せっきゃく》サービスの天才《てんさい》にする本《ほん》

2006年 6月15日　初版第1刷発行
2009年 7月20日　初版第4刷発行

著　者　森下裕道

発行人　柳澤淳一
編集人　久保田賢二
発行所　株式会社　ソーテック社
〒102-0072　東京都千代田区飯田橋4-9-5　スギタビル4F
電話：販売部 03-3262-5320
FAX：　03-3262-5326
印刷所　昭和情報プロセス株式会社

ISBN4-88166-811-0